1 MONTH OF FREE READING

at

www.ForgottenBooks.com

By purchasing this book you are eligible for one month membership to ForgottenBooks.com, giving you unlimited access to our entire collection of over 1,000,000 titles via our web site and mobile apps.

To claim your free month visit:

www.forgottenbooks.com/free734255

ISBN 978-0-484-40749-6
PIBN 10734255

Forgotten Books is a registered trademark of FB &c Ltd.
Copyright © 2018 FB &c Ltd.
FB &c Ltd, Dalton House, 60 Windsor Avenue, London, SW19 2RR.
Company number 08720141. Registered in England and Wales.

For support please visit www.forgottenbooks.com

menor erudicion y alteza de estilo,
ha sacado la sustancia de todos los
Filosofos, el que esta obra ha escri-
to. Y tanto es mas excelente que la
historia, quanto es mas importante
para la vida politica y buena, este
genero de enseñar à bien viuir, porque con el se aprende la virtud, que
del bien viuir es el arte, y no por la
breuedad con que estan los Prouerbios escritos, se puede inferir que
ha tocado en el vicio de obscuro,
conforme à la dotrina de Horacio,
pues son vna cifra clara y distinta de
todo lo que dilatada mēte y aunsi se
puede dezir con prolixidad trata-
ron los antiguos, sino vease en la
misma contextura, y extension de
las razones, donde junto con la ad-
mirabile traça de su compostura se
hallara el ingenio, y varia leccion de
su escritor, en la qual se muestra

auer (por dulçura, y vtilidad) llega-
do al summo punto, que poços han
podido llegar. Mas que en este ele-
gante modo de dotrina se descubre
el artificio, que cuenta Platon, de
enseñar à los de tierna edad con cu-
entos fabulosos, para que dessean-
do saber lo que encubrian, se aficio-
nassen al saber: pues pudiendo en
prosa resumirle, quiso en verso, para que la cadencia, y suauidad del,
obliguen à los no aficionados à
leerle, y de leerle, por ventura se re-
formen de algunos vicios, porque
segun el Sabio dize. Las orejas son
hijas del verso, y el verso por lo que
tiene de musica en sus ligaduras, y
consonancias, las regala, y mueua:
pero considerese, que todo lo que
Marcial dixo en aquel epigrama,
De illis que faciunt vitam beatiorem.
Tulio en lo de officijs, Platon en sus

dialogos de republica, Seneca en las cartas que escriuio à Lucilio, Plutarco en lo *de tranquilitate animi.* Aristoteles en sus Politicas, y Eticas. Horacio en sus Sermones y Epistolas, y Iuuenal y Persio en sus satiras, sin lo que otros muchos Autores en uarias obras escriuieron, esta en substācia epilogado en estos prouerbios. Mas que quando al que los ha compuesto, y trabajado, no se le deuiera sino el lenguage vulgar para comunicarlos, generalmente se le deuia mucho, quanto mas que el estilo, y fidelidad dellos es merito, que solo el nombre y gloria, que forçosamente se le ha de seguir le premia, porque semejante gloria, y nombre, es el verdadero premio de semejante virtud. Esta es obra en fin, que incluye en cerco pequeño, sentido grande, don-

de cada vno en su estado hallara lo que para cumplir con el, sea conueniente y necessario, y assi mismo aquel camino de la virtud, que pinta Virgilio con vn braço, de aquella letra del gran Pytagoras, que es todo lo que se puede, y deue hallar para continuar con lo que Lactācio nota, de que no conuiene à todos, enseñar, y conuiene à todos el bien viuir: y aunque algunos han querido imitar este arte de erudicion moral, assi por la sustancia, como por el estilo, y el verso, van muy lexos de tocar aquel punto que Horacio quiso en su poetica dezir, porque conforme en ella aduierte, si no puedo, y no se, porque tengo de ser saludado por Poeta? concluyo (segun dize el mismo Horacio) conque el medico trata de medecina, y el oficial de las co-

fas pertenecientes à su officio, y cada vno, segun Ciceron, se exercite en el arte que conociere, que desta manera al Autor destos Prouerbios no se le podra negar la insigne fama, y laurel merecido, ni al volumen dellos el titulo de Aforismos en lengua Griega, que en la Castellana se interpreta sentencias.

ELOGE D'HERNANDO DE SOTO, THRESORIER de la maison de Castille, en la louänge de cet œuure.

Composé par ALPHONSE DE BARROS.

IE trouue que l'Autheur de ces Prouerbes est un Epitomiste de toutes les auares morales, que les anciens Philosophes ont escrit, comme Iustin fut l'abreuiateur de l'histoire de Troge Pompee, & qu'il ne merite pas moins, mais d'auantage de louange, d'autant que si Iustin recueillit si dextrement ceste histoire, que l'on peut

meuuent. Mais que l'on confidere que tout ce que Martial a dit en cet Epigrãme qu'il a cõpofé de toutes les chofes qui rendent la vie plus heureufe, que tout ce que Ciceron a efcrit, concernant les deuoirs d'vn chacun. Platon en fes Dialogues de la Republique. Seneque en fes Epiftres à Lucillius. Plutarque au traicte de la tranquilité de l'ame. Ariftote en fes Politiques et Etiques. Horace en fes fermons et Epiftres. Iuuenal et Perfe. en leurs Satyres, fans ce que plufieurs autres Autheurs ont efcrit en diuers liures ; eft en fubftance epilogué et briefuement recueilly en ces Prouerbes, et quand l'on n'auroit autre obligation à celuy qui les a compofez et elabourez, que de les auoir mis en langage vulgaire, pour les cõmuniquer à ceux de fon pais, generalement l'on luy eft beaucoup redeuable, d'autant plus que le ftyle et la fidelité d'iceux eft vn merite qui luy donne

donne la recompenfe de la renommee et de la gloire qui neceffairement luy en doit reuenir : car vne telle recommandation eft le vray guerdon d'vne pareille vertu.

En fin c'eft icy vn ouurage qui contient en peu d'efpace grand nombre de fentences ; où chacun trouuera ce qu'il faut qu'il face en fa vacation, et ce qui luy fera conuenable et neceffaire, mefmes le chemin de la vertu, que Virgile depeint auec vne des branches de la lettre de ce grand Philofophe Pytagoras, qui eft tout ce qui fe peut, et fe doit trouuer pour continuer auec ce que Lactance remarque, qu'il ne conuient à tous de bailler des enfeignemens : mais où il eft expedient à chacun de bien viure. Et combien qu'aucuns ayent voulu imiter cet art d'erudition morale, tant pour la fubftance, comme pour le ftyle et la poëfie, ils font fort eflongnez de pou-

B

uoir paruenir au point, dont Horace a
voulu parler en son art poetique, car
selon qu'il a remarqué en ce traicté. Si
ie ne le peus, dit-il, & si ie ne le sçay
pas, pourquoy m'appellera-on poë-
te? Je concluds auec le mesme Autheur,
que le medecin traicte de la medecine,
que l'artisan traicte des choses concer-
nantes son mestier, & que chacun suiuãt
le dire de Ciceron s'exerce en l'art qu'il
a apprins, et qu'en ceste maniere l'on
ne pourra desnier à l'Autheur de ces
Prouerbes, la renommee & le laurier
qu'il merite, ny au liure d'iceux, le tiltre
d'Aphorismes que porte le mot Grec, qui
en langue Espagnole s'interprete Sen-
tences.

PROLOGO
DE MATHEO
ALEMAN.

E N Este florido y vario
ramillete que nuestro au-
tor te presenta (benigno
Letor) si curiosamente lo
consideràres, veras en su artificiosa compostura, que sin estar fun-
dados los principios en interes-
se proprio (que es la çanja principal de qualquier edificio, y quien
mueue los animos) prosiguio los
medios con assiduos y prolijos estu-
dios, encaminados al solo fin de
tu aprouechamiento. Y entonces
hara cuenta que ha dado à lo-
gro su trabajo y costa, quando en-

B ij

tendiere auer conseguido este su
desseo, de donde infiero la mucha
obligacion que le tienes, y no ser
menor de la que estan los hijos à los
legitimos padres, antes algo mas,
porque si dellos reciben carne mortal perecedera, los maestros (reui-
stiendosela de virtudes) les dan dotrina, mediante la qual haziendose
immortales los hombres en esta vida, gozan despues la eterna, auien-
do en breue compendio cifrado, y
(si dezirse puede) sacado por alam-
bique, la quinta essencia de la Eti-
ca, Politica, Economica: recogiendo las flores de mejor olor y mejor
vista, consejos y sentencias de grauissimos Filosofos, Griegos y Lati-
nos: y lo que mas admira es, que lo
que cada vno dellos quiso dezir, y
dixo con discurso de razones, y lar-
gas enarraciones, aqui lo traça di-

ferentemente : porque hablando
bien, dize mucho, breue y claro:
con palabras açucaradas en sonoro
verso, para que mejor queden im-
pressas en el alma. Sacara de aqui la
vista deleyte, musica el oydo, el coraçon consuelo, el desseo reposo : y
este centro de verdades, al sabio seruira de relox, al ignorante, de des-
pertador, al niño, de dotrina, al moço, de freno, al hombre, de espue-
las, al viejo, de entretenimiento, al
caminante de aliuio : y a todos en
general, de vn claro espejo. Y aunque sea este lugar el de las alaban-
ças, donde los amigos deuen em-
peñarse, no me es necessario : pues
al autor publican sus escritos, tantos
y tan elegantes, entre los quales res-
plandece aquella Filosofia cortesa-
na que compuso, digno titulo de
tal obra, no obstante que tambien

B iij

la pudieramos llamar defengaño de
pretenfores : porque alli reprefenta
viuamente, quanto en efta Corte (y
en todas) padecen los miferables
que a ellas viepen, y el camino que
han de tomar para llegar con felicidad al puerto de fus deffeos ; obra
eftudiofiffima , meritamente fuya
qual efta. Prefto te fatisfaras, que ni
aqui te engaño, ni de las otras adu-
lo ; antes he fido corto ; mas lo que
faltare mi pluma, y al defempeño de-
fta palabra, fatisfara con fus obras A-
lonfo de Barros , oyelo atentamete.
Y fi como es verdad, que mi amigo
es otro yo, y nofotros lo fomos tanto , reciprocamente (como à todos
es notorio)la merced que le hizie-
res en amparalla (como dignamete
lo merece) y o tambien la recibo, y
a los dos ygualmente nos ganas por
ello en tu feruicio. Vale amice.

PROLOGVE
DE MATTHIEV
ALEMAN.

AV LECTEVR.

N ce bouquet de fleurs di-
uerfes que noftre Autheur te
prefente(benin Lecteur)fi tu
y prends garde curieufe-
ment, tu verras en fon ingenieufe com-
pofition , que fans que les commence-
mens foient fondez en aucun fien particulier intereft(qui eft le principal fon-
dement de quelque edifice que ce foit, &
qui excite les efprits d'vn chacun) il
pourfuit auec vn continuel & long eftu-
de, fes moyens acheminez à la feule fin

de ton aduancement. Et lors il fera son
compte qu'il aura baillé son trauail, &
ses frais à vsure, quand il entendra estre
paruenu à son desir, d'où s'infere la
grande obligation que tu luy as, & qui
n'est pas moindre que celle que les enfans
ont à leurs peres legitimes ; mais encores
plus grande : d'autant que si d'eux ils
reçoiuent vn corps mortel & perissa-
ble : les precepteurs le reuestant de ver-
tus, leur donnent la doctrine, moyen-
nant laquelle les hommes se rendans im-
mortels en ceste vie, iouyssent puis apres
de l'eternelle en l'autre, par ce qu'il a remarqué en ce petit abregé (s'il se peut
dire tiré par l'alambic) la quinte essence
de l'Etique, Politique & oeconomique:
recueillant les fleurs de meilleure odeur,
& plus agreables à la veuë, les conseils
& les sentences des plus graues Philosophes Grecs & Latins, & ce que i'admire plus, c'est que ce que chacun d'eux veut

dire, & dit auec vn discours de raisons
& longues narrations, l'Autheur le
trace icy tout d'vne autre façon qu'eux:
d'autant que parlant bien, il dit beaucoup ; mais briefuement & clairement
auec des paroles sucrées, en vn vers bien
sonnant, à fin qu'elles demeurent mieux
imprimées en l'ame. La veuë tirera de
ceste œuure du contentement, l'ouye de
l'armonie, le cœur de la consolation, le
desir du repos, & ce centre des veritez
seruira d'horloge au sage, de resueille
matin à l'ignorant, à l'enfant de doctrine, au ieune homme de frein, à l'homme
fait d'esperons, d'entretien au vieillard,
au voyageur d'allegement, & à tous en
general d'vn miroër resplendissant.

Et encore que ce soit icy le lieu des
loüanges, où les ames se doiuent enga-
ger: cela ne m'est nullement necessaire,
puisque les escrits de l'Autheur si grãds
& si elegants, publient assez sa renom-

mée, entre lesquels reluit ceste Philoso-
phie Courtisanne qu'il a composee, titre
digne d'vn tel œuure, encore que nous
la peussions bien nommer, Le Desabus
des Courtisans, pour ce qu'en icelle il re-
presente au vif combien de maux endu-
rent les pauures miserables qui viennent
en ceste Cour, comme en toutes les autres, & quel chemin ils doiuent prendre pour arriuer auec felicité au port
de leurs desirs; ouurage tres-studieux,
& meritoirement sien, comme il est. In-
continent tu te contenteras, d'autant que
ny en cet endroit ie ne t'abuse, & d'ail-
leurs ie ne te flate point : ains plustost
i'ay esté trop succint en mon discours:
mais à ce que la plume aura obmis, &
au desgagement de mes paroles, pour ce
que ie pourrois dire de plus, les œuures
d'Alphonse de Barros y satisferont,
Oy-le attentiuement, & comme il
est vray que l'amy est vn autre soy mes-

me; & que luy & moy le soyons tellement, comme il est notoire à tous,
la faueur que tu luy feras en le deffen-
dant, comme il le merite dignement,
ie la receuray reciproquement, &
tous deux nous obligeras esgallement à
te seruir.

ADIEV.

AL
REVERENDISS.^{IMO}

SEÑOR DON GARCIA
DE LOAYSA GIRON, Arço-
bilpo de Toledo, Primado de
las Efpañas, y del Confejo de
Eftado del Rey nueftro Señor.

OS Animales terre-
ftres todos, todos
los pezes, y las aues
por inftinto natu-
ral (poco defpues
de auer nacido) fa-
ben lo que les bafta, para dar en-
tero cumplimiento à fu apetito, y
de tal manera le alcançan, que en
teniendo compañia, y el fuften-

to neceffario, ni quieren mas, ni
tienen mas que deffear, folo el
hombre con fer Señor de todo lo
criado, parece que es de peor
condicion que el mas baxo de todos ellos : pues por mucho que
viua, por mucho que eftudie,
inquiriendo la verdad, y encade-
nando deffeos, procurando faber
donde eftà efta fumma felicidad,
que pretende, nunca en efta vida la
alcàça, ni puede, que no eftan libra-
das nueftras efperanças, fino donde
no tiene poder la fortuna de mudar
el fuceffo de las cofas. Para efto ay
tantos libros còmo vemos, y tantos
opofitores, que los vnos fon cafi
confufion de los otros : y no todos
los hòbres tratan defte eftudio, porque à vnos las muchas ocupacio-
nes precifas, ô volontarias que tienen, para conferuar la vida les eftor-

uan, y otros por fu natural, y mudable condicion, perdiendo con el
miedo del trabajo, la efperança de
alcançarle, no le procuran: y quando los vnos, y los otros fiempre tra-
bajen, y fiempre eftudien, es tan
corta la vida, y tanto lo que ay que
faber, que al mejor tiempo les falta. Efta es feñor Reuerendiffimo la
caufa que ha mouido à muchas per-
fonas de buen zelo, à hazer fumas
de largos progreffos, y efcritos de
varios autores, recogiendo en poco
volumen lo que en muy grandes
eftaua dilatado: y la que yo he te-
nido de atreuerme à reduzir fenten-
cias de grauiffimos Filofofos, à pocas palabras continuadas en efte genero de compoftura, con que con
mas facilidad fe puedan encomen-
dar à la memoria, y con ella gozen
vnos fin trabajo, de lo que à otros

cofto mucho; y todos nos ayude-
mos en las occafiones que fe ofre-
cen, que para todos ay confuelo, y
confejo. La materia es graue, y el
eftilo humilde, y poca autoridad
de fu dueño: por lo qual forçofamente ha de faltar à la obra, y auien-
do yo de bufcar quien fe la de,
ninguno como de Vueftra feñoria
reuerendiffima me puedo fauore-
cer: que por linage, es de los cali-
ficados del Reyno, y por oficio,
maeftro del mayor, y mejor Prin-
cipe de la tierra, y de fu Confejo de
Eftado, y por dignidad Primado
de las Efpañas, y por letras, y virtud, digniffimo de los titulos que
tiene.Suplico àVueftra feñoria Reuerendiffima, con la humildad que
deuo, la admita debaxo de fu pro-
teccion, y amparo, para que con fu
fauor fea eftimado, y recebido efte

AV

REVERENDISSIME

SEIGNEVR DON GARCIA
de Loaysa Giron, Archeuesque
de Tolede, Primat des Espagnes,
& Conseiller du Conseil d'Estat
du Roy nostre Sire.

OVS les animaux terre-
stres, tous les poissons, &
les oyseaux par vn naturel
instinct, peu apres leur nais-
sance, sçauent ce qui leur suffit, pour donner entier contentement à leur appetit,
et l'obtiennent de telle façon, que vi-
uans en compagnie, et ayans suffisam-
ment à viure, ils n'en veulent d'auantage, & n'ont autre chose à desirer.
L'homme seul, qui est le maistre de tout

C

ce qui eſt creé, paroiſt eſtre de pire condition que le plus infirme de tous les autres, puiſque pour beaucoup qu'il viue,
pour beaucoup qu'il eſtudie, recherchant
la verité, encheſnant deſirs à deſirs,
pourchaſſant de ſçauoir où eſt ceſte ſou-
ueraine felicité, à laquelle il aſpire, il ne
l'obtient iamais en ceſte vie, & ne peut
y paruenir : d'autant que nos eſperances
ne ſont ſatisfaictes, ſinon où la fortune
n'a puiſſance de changer le ſuccès des
choſes. Sur ce ſubiect il y a tant de liures
que nous voyons, & tant d'autres eſcrits à l'oppoſite, que les vns ſont quaſi
la confuſion des autres : & tous les
hommes ne traictent pas de ceſte eſtude,
pour ce qu'aucuns en ſont deſtournez
par les occupations preciſes ou volon-
taires, qu'ils ont pour la conſeruation de
leur vie, les autres par vne naturelle
inclination & humeur inconſtante ne
le procurent, perdant par la contrainte

du trauail l'eſperance de le pouuoir obtenir : & quand les vns & les autres
trauailleroient & eſtudieroient perpe-
tuellement, la vie eſt tellement briefue,
& ce qu'il faut ſçauoir, eſt ſi long, que
au meilleur point, & lors qu'ils ſont
meilleur train, elle vient à leur manquer.
Voila la cauſe (Reuerendiſſime Sei-
gneur,) qui a pouſſé pluſieurs perſon-
nages de bon zele, à faire des recueils des
longs trauaux, progrez & eſcrits de
diuers Autheurs, recueillant en vn petit
volume, ce qui eſtoit eſtedu en pluſieurs,
& fort grands : Et la meſme raiſon m'a
donné la hardieſſe de reduire les ſenten-
ces des graues Philoſophes, en peu de paroles qui ayent quelque liaiſon en ce gen-
re de compoſition, par laquelle auec plus
de felicité elles puiſſent eſtre retenües en
la memoire, & que les vns ſans trauail
iouiſſent de ce qui couſte bien cher aux
autres, & que tous nous nous aydions

C ij

aux occasions qui se presentent, d'autant
qu'il y a pour tous, & consolations et
conseils. La matiere est graue, et le sty-
le en est bas, et l'Autheur maistre de
peu d'authorité, parquoy de necessité
elle manque à ceste œuure, et ayant besoin de chercher qui la luy donne, ie ne
sçaurois me preualoir de personne, comme de vostre Renerendissime Seigneurie, qui par la maison dont vous estes
yssu, estes des plus qualifiez du Royau-
me, & par la charge que vous auez, estes
precepteur du plus grand & du meilleur Prince de la terre, & de son conseil d'Estat, & pour vostre dignité
Primat des Espagnes, & pour le merite de vostre science et vertu, estes digne
des tiltres que vous possedez. Ie supplie
vostre Reuerendissime Seigneurie, auec
toute la submission que ie vous dois,
qu'elle reçoiue cet œuure en sa protection
et defence, afin que par vostre faueur,

ce mien labeur soit estimé & receu a
l'affection et volonté que ie l'offr
vostre Seigneurie, laquelle nostre S
gneur conserue plusieurs années, a
accroissement d'honneur & de felic
de vie que luy desire son seruiteur.

ALONSO DE BARROS.

C iij

uan, y otros por su natural, y mudable condicion, perdiendo con el
miedo del trabajo, la esperança de
alcançarle, no le procuran: y quando los vnos, y los otros siempre tra-
bajen, y siempre estudien, es tan
corta la vida, y tanto lo que ay que
saber, que al mejor tiempo les falta. Esta es señor Reuerendissimo la
causa que ha mouido à muchas per-
sonas de buen zelo, à hazer sumas
de largos progressos, y escritos de
varios autores, recogiendo en poco
volumen lo que en muy grandes
estaua dilatado: y la que yo he te-
nido de atreuerme à reduzir sentencias de grauissimos Filosofos, à pocas palabras continuadas en este genero de compostura, con que con
mas facilidad se puedan encomen-
dar à la memoria, y con ella gozen
vnos sin trabajo, de lo que à otros

costo mucho; y todos nos ayude-
mos en las occasiones que se ofre-
cen, que para todos ay consuelo, y
consejo. La materia es graue, y el
estilo humilde, y poca autoridad
de su dueño: por lo qual forçosamente ha de faltar à la obra, y auien-
do yo de buscar quien se la de,
ninguno como de Vuestra señoria
reuerendissima me puedo fauore-
cer: que por linage, es de los cali-
ficados del Reyno, y por oficio,
maestro del mayor, y mejor Prin-
cipe de la tierra, y de su Consejo de
Estado, y por dignidad Primado
de las Españas, y por letras, y virtud, dignissimo de los titulos que
tiene. Suplico à Vuestra señoria Reuerendissima, con la humildad que
deuo, la admita debaxo de su pro-
teccion, y amparo, para que con su
fauor sea estimado, y recebido este

que en vn fer permanecieffe.

16 Ni tan gran bien que no fueffe,
   fi fe mira gran miferia.

17 Ni quien hable de la feria,
   mejor que en ella le ha ydo.

18 Ni conozco hombre perdido,
   que no diga es defdichado.

19 Ni el que es bié afortunado,
   que lo atribuya à ventura.
20 Ni tan perfecta pintura,
   que no tenga impropiedad.
21 Ni eftimada calidad,
   de noble que degenera.
22 Ni tan domeftica nuera,
   que gufte de eftar fugeta.

23 Ni he conocido poëta,
   feñor de mucho dinero.
24 Ni iudiciario agorero,

toufiours en mefme eftat.

16 *Ny fi grand bien quand l'on le con-*
   fidere, qui ne foit vne grande mi-
   fere.

17 *Ny qui ne raconte de la foire, mieux*
   qu'il ne luy en a pris.

18 *Ny ne cognoy homme perdu et des-*
   bauché, qui ne dife : ha que ie fuis
   mal-heureux.

19 *Ny homme bien fortuné, qui vueil-*
   le tenir de la fortune.

20 *Ny peinture fi accomplie, qui n'ait*
   quelque deffaut.

21 *Ny qualité bien eftimée, du noble qui*
   degenere.

22 *Ny bru fi appriuoifée, qui fe plaife*
   d'eftre fubiecte.

23 *Ny n'ay cogneu on feul poëte, poffe-*
   dant beaucoup d'argent.

24 *Ny difeur de bonnes aduentures, qui*

que con fu ciencia no engañe.
25 Ni ay hombre que defengañe,
que no vengaà fer malquifto.

26 Ni daño quádo es preuifto,
que no ayude à moderatfe.
27 Ni defcuydo , que emendarfe
pueda del todo, en la guerra.
28 Ni tan abaftadal tierra ,
que vn cerco no la confuma,
29 Ni capitan que prefuma
deferlo, que no efte alerta,
30 Ni el couarde hallarà puerta
fegura, para efcaparfe.
31 Ni acertarà à defculparfe,
el quehiziere cofa fea.
32 Ni aunque ninguno lo vea,
dexa de eftar Dios prefente.
33 Ni ay razon mas eloquente,
que el hablar lo neceffario.
34 Ni aura embidia de aduerfario,
que no nos caufe virtud.

auec fa fcience ne trompe.
25 *Il n'y a homme qui garde que*
autre d'eftre trompé, qui n'é foit
apres mal voulu.
26 *Il n'y a mal-heur quand il eft*
veu, qui n'aide à fe moderer.
27 *La faute qui fe commet en guerr*
peut eftre entierement reparée.
28 *Il n'y a place forte fi bien mu*
qu'vn fiege ne confomme.
29 *Il n'y a Capitaine qui face efta*
l'eftre, qui ne foit toufiours à l'e
30 *Le couard ne trouuera de porte*
feurée pour fe fauuer.
31 *Celuy qui aura fait vn acte mefch*
ne trouuera excufe vallable.
32 *Encores que perfonne ne le v*
Dieu ne laiffe pas d'eftre prefent
33 *Il n'y a point de raifon plus perf*
ue, que de dire ce qui eft neceffa
34 *Il n'y a point d'enuie de noftre e*
my, qui ne nous caufe quelque ve

35 Ni vengença en juuentud,
    que no ayude à deprender.

36 Ni ſe puede reprehender,
    todas vezes al menor.

37 Ni tiene cebo el amor,
    como amar, y ſer amado.

38 Ni mas infelice eſtado
    que es el falto de eſperança.

39 Ni ſegura cònfiança,
    en fuerças, ni en poca edad.

40 Ni tal prueua de amiſtad,
    como carcel, o pobreza.

41 Ni vi fama con firmeza,
    en vida del proprio dueño.

42 Ni mas embidiado dueño,
    que el falto de obligacion.

43 Ni gran bien en poſſeſſion,
    que ſe yguale al merecerle.

44 Ni oficio que el deprenderle,

35 Il n'y a point de chaſtiment en la ieu-
    neſſe, qui ne ſerue d'inſtruction.

36 Il ne faut pas corriger l'éſant, toutes
    les fois qu'il le merite.

37 L'amour n'a point de pareil appaſt,
    que d'aimer & eſtre aymé.

38 Il n'y a point de condition plus miſe-
    rable, que celle qui eſt manque d'eſ-
    perance.

39 Il n'y a nulle confiance aſſeurée, ny és
    forces ny au bas aage d'vn enfant.

40 Il n'y a point de preuue d'amitié
    eſt certaine, comme la priſon & la
    pauureté.

41 Ie n'ay point veu de renommée fer-
    memẽt aſſeurée, durant la vie de ſon
    maiſtre.

42 Ny homme d'auantage enuié, que ce-
    luy qui n'a obligation à perſonne.

43 Ny grand bien en poſſeſſion, qui s'eſ-
    gale à le meriten.

44 Il n'y a meſtier qui ne donne quel-

no tenga dificultad.

45 Ni fuerça, ô neceſſidad,
  que no turben el juyzio.

46 Ni agradece el beneficio,
  el que al ſegundo aguardò.

47 Ni el conſejo deſpreciò,
  ſino el que es de ſuyo pobre.

48 Ni ay hombre, ni flor que cobre,
  à la tarde ſu color.

49 Ni tiranico furor,
  como belleza, y poder.

50 Ni ſe deue agradecer,
  al que es con fauor gracioſo.

51 Ni el perfeto Religioſo,
  teme à la fortuna, y hado.

52 Ni es cuerdo el que eſtà éſadado,
  de que qualquiera le ruegue.

53 Ni es iuſto que nadie juegue,
  aſſegurado en ſu engaño.

54 Ni el que con ira haze daño

que dificulté pour l'apprendre.

45 Il n'y a force ou neceſſité qui ne trouble le iugement.

46 Celuy ne rend graces du premier
bien faict, lequel en attend vn ſe-
cond.

47 Nul ne meſpriſe le conſeil d'autruy,
ſinon celuy qui eſt mal aduiſé.

48 Ni l'homme ni la fleur ne conſerue
leur couleur iuſques au ſoir.

49 Il n'y a point de furie plus tyranni-
que, que la beauté & le pouuoir.

50 L'on ne doit point ſçauoir de gré, a
celuy qui fait le plaiſant, quand il
eſt en faueur.

51 Le parfait Religieux ne redoute ni la
fortune ny le deſtin.

52 Celuy n'eſt ſage qui ſe faſche d'eſtre
prié par qui que ce ſoit.

53 Il n'eſt pas raiſonnable que perſonne
iouë, s'aſſeurant ſur ſa tromperie.

54 Celuy qui en colere fait quelque ou-

teme el que venir le puede.

55 Ni es razon que siempre quede,
en gente comun la carga.
56 Ni ay quien tenenga vida larga,
que no tenga larga pena.
57 Ni es sabio, el que se condena,
por culpa que otro merece.

58 Ni el que por miedo agradece,
diremos del que fue grato.
59 Ni est menester muchorato,
para saber hazer mal.
60 Ni demasiado caudal,
para el socorro de vn baxo.
61 Ni el excessiuo trabajo,
dexa el paciente llorar.
62 Ni puede vn engaño estar,
mucho tiempo ocultado.

63 Ni ay hombre muy descuydado,
que tambien no sea perdido.

trage, ne craint pas le mal qui luy en
peut arriuer.
55 Il n'y a point de raison que la charge
demeure tousiours sur le peuple.
56 Nul ne vit longuement, qui n'endure
vne longue peine.
57 Celuy n'est bien aduisé, qui se condamne pour la faute qu'vn autre a
commise.
58 Nous ne dirons pas le fait par reco-
gnoissance.
59 Il n'est besoin de beaucoup de temps
pour sçauoir commettre mal.
60 Il n'est besoin de grandes richesses,
pour secourir vn pauure.
61 Le trauail excessif ne fait point plo-
rer l'homme patient.
62 Vne tromperie ne peut demeurer longuement cachée.
63 Il n'y a point d'homme grandement
negligent, qui ne soit pareillement

que con fu ciencia no engañe.
25 Ni ay hombre que defengañe,
que no venga à fer malquifto.

26 Ni daño quádo es preuifto,
que no ayude à moderatfe.
27 Ni defcuydo, que emendarfe
pueda del todo, en la guerra.
28 Ni tan abaftada] tierra,
que vn cerco no la confuma,
29 Ni capitan que prefuma
deferlo, que no efte alerta.
30 Ni el couarde hallarà puerta
fegura, para efcaparfe.
31 Ni acertarà à defculparfe,
el que hiziere cofa fea.
32 Ni aunque ninguno lo vea,
dexa de eftar Dios prefente.
33 Ni ay razon mas eloquente,
que el hablar lo neceffario.
34 Ni aura embidia de aduerfario,
que no nos caufe virtud.

auec fa fcience ne trompe.
25 Il n'y a homme qui garde quelque
autre d'eftre trompé, qui n'ë foit puis
apres mal voulu.
26 Il n'y a mal-heur quand il eft pre-
ueu, qui n'aide à fe moderer.
27 La faute qui fe commet en guerre, ne
peut eftre entierement reparée.
28 Il n'y a place forte fi bien munie,
qu'vn fiege ne confomme.
29 Il n'y a Capitaine qui face eftat de
l'eftre, qui ne foit toufiours à l'erte.
30 Le couard ne trouuera de porte af-
feurée pour fe fauuer.
31 Celuy qui aura fait vn acte mefchant,
ne trouuera excufe vallable.
32 Encores que perfonne ne le voye,
Dieu ne laiffe pas d'eftre prefent.
33 Il n'y a point de raifon plus perfuafi-
ue, que de dire ce qui eft neceffaire.
34 Il n'y a point d'enuie de noftre ennemy, qui ne nous caufe quelque vertu.

91 Ni fama que assi perezca,
   como elbuen nombre al que es
   malo.
92 Ni abundancia con regalo,
   en casa desconcertada.
93 Ni aura ira represada,
   que al cabo no engendre odio.
94 Ni son Pasquin, y Marfodio, poco freno à poderosos.
95 Ni ay pobres facinerosos,
   que no busquen nouedades.

96 Ni mas dañosas maldades,
   que con fingida inocencia.

97 Ni demasiada licencia,
   que no cause algun desorden.
98 Ni congregacion con orden,
   si en su gasto no se prueua.

99 Ni yo aprueuo al que reprueua
   la lectura de la historia.

91 Il n'y a renommée qui se perde si tost
   comme la bonne opinion que l'on a
   d'vn meschant.
92 Les grands biens ne sont agreables
   en vne maison mal ordonnee.
93 La colere ne peut estre retenuë, qu'en
   fin elle n'engendre de la haine.
94 Pasquin & Marfodio seruent de
   forte bride pour retenir les grands.
95 Il n'y a point de pauures pleins de
   meschancetez, qui ne cherchent des
   nouueautez.
96 Il n'y a point de plus dangereuses
   malices que celles qui sont trouuertes
   d'vne feinte innocence.
97 Il n'y a point de licence desmesuree,
   qui n'apporte quelque desordre.
98 Il n'y a point de maison bien reglee, si
   en la despence ne se recognoist vn
   bon ordre.
99 Ie n'approuue point celuy qui reprou-
   ue la lecture de l'histoire.

109 Ni ay socorro con pereza,
    que sea prueua de amistad.
110 Ni comun enoformidad,
    a quien no tema el vezino.
111 Ni mas loco desatiño,
    que hablar, ò obrar có jatancia.

112 Ni ay daños con abundancia,
    que no se puedan lleuar.
113 Ni ay prouecho qual gastar
    bien el tiempo antes que acabe.

114 Ni sabe poco el que sabe
    vencer su dificultad.
115 Ni ay viciosa aciosidad,
    que mil males no acarree.
116 Ni lo que el hombre possee,
    ha de ser para si solo.
117 Ni del vno al otro Polo,
    ay lugar sin ingratitud.

118 Ni consuelo en senectud

127 Ni puede el bien que es passado,
    dar gozo en el mal presente.
128 Ni ay cosa que mas contente,
    que vn desseo conseguido.
129 Ni enfado al que es resabido
    como alcançarle su intento.

130 Ni sufre vn gran pensamiento
    mediania en sus efetos.

131 Ni aura tan rudos sujetos
    que el arte no los mejore.

132 Ni aunque el auaro atesore,
    pondra fin a su desseo.

133 Ni suele dañar rodeo,
    a lo que razon no pudo.

134 Ni aura viejo tan sessudo,
    que caduco no sea vn niño.
135 Ni hermosa con desaliño,

127 Le bon temps qui est passé ne peut
    dóner, resiouissance au mal present.
128 Il n'y a rien qui contente dauátage
    que d'estre paruenu à son desir.
129 Il n'y a point de desplaisir sembla-
    ble à l'homme fort habile, comme
    de voair son intention descouuerte.
130 Un homme qui a de hautes conce-
    ptions, n'admet point de mediocri-
    té en ses entreprinses,
131 Il n'y aura point de si rudes subiets
    que l'on ne rende plus doux auec
    l'artifice.
132 Encore que l'auaricieux amasse des
    thresdrs, il ne mettra fin à sa cu-
    pidité.
133 Où la raison n'a peu rien gaigner, le
    circuit des finesses n'a point ac-
    coustumé de nuire.
134 Il n'y a vieillard si sage, qui estant
    caduque ne tombe en enfance.
135 Une belle femme malsade ne rend

que se estime su hermosura.

136. Ni hora que estè segura,
siendo contraria la suerte.

137. Ni ay dulçura qual la muerte,
para el que la està llamando.

138. Ni vida que en començando,
no estè cerca del estremo.

139. Ni forçado que ande al remo,
que no pueda ser dichoso.

140. Ni ay ladron para el reposo,
como vna aficion secreta.

141. Ni tan ligera saeta,
como el pensamiéto humano.

142. Ni mas barbaro tirano,
que el que con muerte castiga.

143. Ni haze cosa que diga,
quien tiene poco poder.

144. Ni deue nadie escoger,
cosa que luego deseche.

145. Ni ay consejo que aproueche,

sa beauté recommandable.

136. Il n'y a point d'heure asseurée, quãd
la fortune est contraire.

137. Il n'y a point de douceur plus grande que la mort, pour celuy qui l'appelle à son ayde.

138. Personne ne commence sa voie, qui ne
soit proche de sa fin.

139. Il n'y a forçat à la rame qui ne puisse estre bien-heureux.

140. Il n'y a tel larron pour empescher
le repos, comme vne secrette affection.

141. Il n'y a flesche si legere, comme la
pensee de l'homme.

142. Il n'y a tiran plus barbare, que celuy qui chastie de mort.

143. L'on n'adiouste point de foy à celuy qui a peu de puissance.

144. Personne ne doit choisir, ce qu'aussi
tost il delaisse.

145. Il n'y a nul conseil qui profite à la

E iij

a la loca juuentud.

146 Ni porque buscar salud,
    entre vejez y cuydado.

147 Ni ay Milon tan esforçado,
    a quien no vença vn mosquito.

148 Ni termino mas finito,
    ni infinito que el del hombre.

149 Ni fama por mas que assombre,
    que no sea corruptible.

150 Ni vista mas apacible,
    que virtud en cuerpo hermoso.

151 Ni es mal estoruo al vicioso,
    debilidad, ô accidente.

152 Ni ay caudal tan sufficiente
    que baste al gasto de vn loco.

153 Ni quien suba poco à poco,
    que no decienda rodando.

154 Ni al que su ruego es mandado,

folle ieunesse.

146 Il ne faut point chercher de santé
    entre la vieillesse & le chagrin.

147 Il n'y a point de Milon si robuste,
    qui ne soit abbattu d'vn mous-
    cheron

148 Il n'y a point de terme plus fini ny
    plus infini que celuy de l'homme.

149 Il n'y a renõmee pour grande qu'elle
    soit, qui ne soit corruptible.

150 Il n'est riẽ de si agreable, que la ver-
    tu en vne belle personne.

151 La foiblesse & les accidens de for-
    tune, ne sont mauuais empesche-
    mens à l'homme vicieux.

152 Il n'y a richesse si grande, qui puisse
    satisfaire à la despence d'vn hom-
    me fol.

153 Il n'y a personne qui monte peu à
    peu, qui ne descende bien tost en
    roulant.

154 Il n'y a personne de qui les prieres

163 Ni se puede vna verdàd,
    si es cruda dar à entender.

164 Ni ay quien se pueda valer,
    contra su proprio desseo.

165 Ni quien sepa sin rodeo,
    dar satisfacion à vn necio.

166 Ni quien sufra vn menosprecio
    si no es santo, ò pretensor.

167 Ni es verdadero valor,
    del ingenio la agudeza,

168 Ni da desdicha tristeza,
    quando alegra gloria falsa.

169 Ni el pobre que busca salsa,
    merece ser socorrido.

170 Ni el que es loco y atreuido,
    viue con seguridad.

171 Ni peude auer calidat
    de que el hombre no sea dino.

touiller les autres.

163 L'on ne sçauroit faire entendre la
    verité, si elle n'est clairement ex-
    posee.

164 Personne ne peut resister contre sa
    propre volonté.

165 Nul ne sçauroit contenter vn igno-
    rant, sans vn circuit de paroles.

166 Nul ne peut supporter vn mespris,
    si ce n'est vn sainct hôme ou quel-
    que pretendant.

167 La subtilité de l'esprit n'est pas vne
    veritable valeur.

168 Le malheur n'apporte pas tant de
    tristesse, comme la gloire faulse
    donne de contentement.

169 L'homme pauure qui cherche de la
    saulce, ne merite d'estre secouru.

170 Celuy qui est fol et temeraire ne
    vit point en asseurance.

171 Il ne peut y auoir au monde de qua-
    lité si eminente, dont l'homme de

172 Ni mas brauo defatino,
que el defprecio de la vida.
173 Ni aura hombre que fe mida,
que no affegure fu eftado.
174 Ni tan foberuio eleuado,
que pobreza no le mude.
175 Ni quien fepa aunque mas fude
en que eftà el daño, ô prouecho.

176 Ni ofenfa que fe aya hecho,
que à tiempos no refucite.
177 Ni aura contento que quite
tan folamente vna cana.
178 Ni vanidad cortefana,
que dexe al dueño que duerma.
179 Ni aura fama que fi enferma,
no tenga dificil cura.
180 Ni fe gana fin ventura,
ni fe conferua fin arte.
181 Ni por perder vna parte,
fe ha de auenturar el todo.

bien ne foit digne.
172 Il n'y a point de plus coürageufe folie, que le mefpris de la vie.
173 Il n'y aura homme qui fe mefure,
qui n'affeure fa condition.
174 Il n'y a glorieux tant releué, que la
pauureté ne rabaiffe.
175 Il n'y a perfonne quoy qu'il fe tra-
uaille fort, qui fçache le profict ou
dommage qui luy en reuiendra.
176 Il n'y a point d'offence cōmife, qu'a-
uec le temps ne reffufcite.
177 Il n'y a contentement fi grand, qui
puiffe nous ofter vn poil blanc.
178 Il n'y a vanité courtifanne qui laiffe dormir fon maiftre en repos.
179 Il n'y a renommee qui deuenant ma-
lade ne foit difficile à guarir.
180 Rien ne s'aquiert fans aduenture,
& ne fe conferue fans induftrie.
181 Encores que l'on perde vne partie,
il ne faut mettre le refte à l'aduenture.

182 Ni ay hombre que por su modo
    no sea vn loco perenal.

183 Ni con falta de caudal,
    es bueno leuantar obra.

184 Ni pienso que à nadie sobra,
    dinero. para mal vso.

185 Ni tiene al hombre confuso,
    para bien ni mal obrar.

186 Ni quien sepa moderar,
    al hambre del apetito.

187 Ni ay manjar tan exquisito,
    que siendo mucho no enfade.

188 Ni vicio por mas que agrade,
    que no remuerda ò condene.

189 Ni el que pocas fuerças tiene,
    las prouarà si no es necio.

190 Ni ay cosa de mayor precio,
    que vn socorro en ocasion.

191 Ni mas discreta razon,

182 Il n'y a personne si parfaicte, qui en
    quelque façon ne soit fol toute sa
    vie.

183 C'est mal commencer quelque en-
    treprise, quand l'on a faute d'argēt.

184 Ie n'estime pas qu'aucun ait argent
    à suffire, quād il en veut mal vser,
    & le despencer follement.

185 Les richesses ne rendent point l'hom-
    me irresolu pour bien ou mal faire.

186 Personne ne peut moderer la faim
    de son appetit et conuoitise.

187 Il n'y a viande si exquise, qui ne des-
    gouste, quand il y en a trop.

188 Il n'y a vice pour agreable qu'il soit,
    qui ne donne quelque remords, et
    qui ne condamne le vicieux.

189 Celuy qui a peu de forces, ne les es-
    prouuera, s'il n'est mal aduisé.

190 Il n'y a rien de si grand prix, qu'vn
    plaisir fait à propos.

191 Il n'y a point de raison plus discrete,

que a certarse à defender.

192 Ni plebeyo ni muger,
que del fausto no se admire,
193 Ni quien por derecho tire,
que no lo estime en muy poco.

194 Ni ay medicina de vn loco,
qual memorarle el morir.

195 Ni quien sepa bien medir,
a si y a su sepultura.

196 Ni sirue do no ay ventura,
grandeza de coraçon.

197 Ni es cosa puesta en razon,
buscar sin virtud grand fama.

198 Ni pensar que esta en la cama,
el sueño del ocupado.

199 Ni ay sueño si es demasiado,
que no apague la memoria,

200 Ni

que de bien rencontrer à se de-
fendre.

192 Il n'y a populaire ny femme qui
n'admire la piasse.

193 Et n'y a personne qui vise droict, et
qui soit sage, qui ne face peu d'e-
stat de telle vanité.

194 Il n'y a point de meilleure medecine
pour on desbauche, que la souue-
nance de la mort.

195 Ny qui sçache bien mesurer & soy
et sa sepulture.

196 La grandeur de courage ne sert de
rien, où il n'y a point de bon-heur.

197 C'est chose qui n'est point fondée en
raison, que de chercher grand re-
nom sans vertu.

198 Il ne faut pas croire que le sommeil
d'vn homme occupé aux grandes
affaires, soit tousiours dans le lict.

199 Il n'y a point de dormir s'il est des-
mesure, qui ne suffoque la memoire.

F

que a certarse à defender.

192 Ni plebeyo ni muger,
     que del fausto no se admire,
193 Ni quien por derecho tire,
     que no lo estime en muy poco,

194 Ni ay medicina de vn loco,
     qual memorarle el morir,

195 Ni quien sepa bien medir,
     a si y a su sepultura:
196 Ni sirue do no ay ventura,
     grandeza de coraçon.
197 Ni es cosa puesta en razon,
     buscar sin virtud grand fama.

198 Ni pensar que esta en la cama,
     el sueño del ocupado.

199 Ni ay sueño si es demasiado,
     que no apague la memoria;
                         200 Ni

que de bien rencontrer & se de-
fendre.

192 Il n'y a populaire ny femme qui
     n'admire la piaffe.
193 Et n'y a personne qui vise droict, et
     qui soit sage, qui ne face peu d'e-
     stat de telle vanité.
194 Il n'y a point de meilleure medecine
     pour vn desbauche, que la souue-
     nance de la mort.
195 Ny qui sçache bien mesurer & soy
     et sa sepulture.
196 La grandeur de courage ne sert de
     rien, où il n'y a point de bon-heur.
197 C'est chose qui n'est point fondée en
     raison, que de chercher grand re-
     nom sans vertu.
198 Il ne faut pas croire que le sommeil
     d'vn homme occupé aux grandes
     affaires, soit tousiours dans le lict.
199 Il n'y a point de dormir s'il est des-
     mesuré, qui ne suffoque la memoire.

                         F

217 Ni el peligro tiene paga,
que con el honor fe yguale.

218 Ni fe eftima en lo que vale
de los pobres el confejo.

219 Ni ay grande que no fea efpejo,
de las obras del pequeño.

220 Ni cafado que fea dueño,
de fu libertad amada.

221 Ni honra mas eftimada,
que la ganada en la guerra.

222 Ni chica, ni grande tierra,
donde el fabio no aprouechc.

223 Ni quien el triunfo defeche,
que tenga poco valor.

224 Ni atreuimiento peor,
que el muchas vezes vfado.

225 Ni es bié que fe mueftre ayrado,
el que pocas fuerças tiene.

226 Ni fera amigo el que viene
a ferlo a mas no poder.

217 *Le danger ne reçoit point de recompenfe, qui s'efgale auec l'honneur.*

218 *Le confeil des pauures n'eſt pas eſtimé, pour ce qu'il peut valoir.*

219 *Il n'y a point de grand feigneur qui ne foit le miroir des actions du petit.*

220 *Il n'y a point d'homme marié qui foit maiſtre de fa liberté.*

221 *Il n'y a point d'honneur plus eſtimé, que celuy qui s'aquiert en la guerre.*

222 *Il n'y a païs grand ou petit, ou le fage ne face quelque proffit.*

223 *Celuy n'a pas peu de valleur, qui mefprife le triomphe.*

224 *Il n'y a point de plus dangereufe infolence, que celle qui a eſté plufieurs fois pratiquee.*

225 *Il n'eſt pas bon que celuy qui eſt foible, face monſtre d'eſtre en colere.*

226 *Celuy-là ne fera amy, qui vient à l'eſtre, lors qu'il n'en peut plus.*

227 Ni fe puede bien hazer.
　　juntamente muchas cofas.
228 Ni fon ygualmente honrofas
　　las hazañas militares.

229 Ni fon todos los folares
　　caftos como el de la Griega.

230 Ni es fin razó que al que niega,
　　fe niegue lo que el negò.
231 Ni puede el que mal pagò
　　vna obra, otra pedir.
232 Ni es grande ofenfa partir,
　　con el que es mas poderofo.
233 Ni fiente bien el dichofo,
　　el daño del defdichado.

234 Ni mejora el defterrado,
　　fi con fus vicios fe muda.
235 Ni ay quien ponga la fe en duda,
　　que alguna vez no la niegue.
236 Ni cofa que affi nos ciegue,

227 L'on ne fçauroit bien faire plu-
　　fieurs chofes à la fois.
228 Les exploits de guerre ne font pas
　　efgallement honorables.
229 Tous les meftiers des femmes ne sõt
　　chaftes, comme celuy de la Gregeoi-
　　fe Penelope.
230 Ce n'eft pas fans raifon que l'on nous
　　refufe ce que nous auons refufé, qui
　　refufe ne fe doit plaindre du reffus.
231 Celuy qui à mal recogneu vn bien-
　　fait n'en doit demander vn autre.
232 Ce n'eft pas grande offenfe de parta-
　　ger auec vn plus puiffant que foy.
233 Celuy qui eft bien-heureux ne fent
　　pas le dommage du mal-heureux.
234 Le banniffement ne rend l'homme
　　meilleur, fi changeant de pais, il ne
　　quitte fes vices.
235 Il n'y a perfonne qui mette la foy
　　en doute, que quelquesfois ne la nie.
236 Il n'y a rien qui nous aueugle d'a-

como vn falso adulador.

237 Ni la certeza de amor,
    se alcança sin grand rodeo.
238 Ni satisfaze al desseo,
    lo que nos puede faltar.
239 Ni el cuerdo ha de començar,
    cosa que no sea loable.
240 Ni ay esperança mudable,
    como es la del afligido.
241 Ni tiene el que fue rendido,
    gana de buena pendencia.

242 Ni ay estado a quien la ciencia,
    no le honre ô le mejore.
243 Ni pleyto que se empeore,
    si el escriuano es amigo.

244 Ni ay peligro en el castigo,
    como vna secreta ira.
245 Ni se encubre la mentira,
    en el rostro con temor.

uantage, que faict vn mauuais flateur.

237 Vne amitié asseuree ne s'aquiert pas
    sans auoir longuement tournoyé.
238 Ce qui peut nous manquer, ne sçau-
    roit contenter nostre desir.
239 L'homme sage ne doit commencer
    chose qui ne soit loüable.
240 Il n'y a point d'esperance muable,
    comme celle de l'afligé.
241 Celuy qui a esté vaincu, ne cherche
    pas vne bonne querelle.
242 Il n'y a point de condition que la
    science n'honore, ou ne rende meil-
    leure.
243 Il n'y a point de procés qui empire,
    si le greff er est ton amy.
244 Il n'y a point de plus grand peril au
    chastiement, que quand il y a quel-
    que secrette cholere.
245 La menterie ne se couure au visa-
    ge de celuy qui est en crainte.

como el que profpero ha fido.

256 Ni aura cafo acontecido,
  que no finja el que le cuenta.

257 Ni mas notoria afrenta,
  que honrarfe có yerro ageno.

258 Ni piéfo que al hombre bueno,
  le puede faltar ventura.

259 Ni al que pierde coyuntura,
  tendre por buen negociante.

260 Ni cofa mas inconftante,
  que la honra de vn foldado.

261 Ni hombre mas engañado,
  que el que a los otros engaña.

262 Ni en porfia donde ay faña,
  fe auerigua la verdad.

263 Ni ay obra de autoridad,
  fi le falta al que la haze.

264 Ni el prometer fatisfaze,

comme celuy qui a efté en profperité.

256 Il n'y aura accident furuenu, où celuy qui le recite ni feigne quelque
  chofe.

257 Il n'y a honte plus apparente, que
  de fe conurir de la faute d'autrui.

258 Je ne penfe pas qu'à l'homme de
  bien puiffe manquer quelque bonne aduenture.

259 Ie ne tiendray pour bon marchand,
  celuy qui perd l'occafion.

260 Il n'eft rien plus inconftant que
  l'honneur d'vn foldat.

261 Il n'y a perfonne plus trompé, que
  celuy qui trompe les autres.

262 Quand l'animofité fe mefle d'vn di-
  ferent, il eft difficile d'en tirer la
  verité.

263 Vne action n'aura point d'authô-
  rité, fi l'authorité manque à celuy
  qui la fait.

264 La promeffe ne contente point com-

como el dar, aunque sea poco.

265 Ni es justo se den a vn loco.
armas para lastimarse.

266 Ni pueden ben acertarse,
las cosas do no ay consejo.

267 Ni faltara sobrecejo,
al honrado, y oprimido.

268 Ni ay consuelo al afligido,
como su propia inocencia.

269 Ni perfeta diligencia,
si no la mueue aficion.

270 Ni áproueeha vn buen varon,
tanto como daña vn malo.

271 Ni es menester gran regalo,
para conseruar la vida.

272 Ni ay discreto que no mida
su gusto consu poder.

273 Ni quien acierte a correr,
alcançando como huyendo.

274 Ni puede el que està temiendo,
acertar

me le don encor qu'il soit petit.

265 *Il n'est raisonnable de bailler à vn*
furieux des armes pour s'offencer.

266 *L'on ne sçauroit bien conduire vne*
affaire, de laquelle l'on n'a pas pris
conseil.

267 *Le desplaisir ne manquera à l'hom-*
me d'honneur qui est opprimé.

268 *Il n'y a point de consolation pour*
l'afflige, comme sa propre côscience.

269 *Ni de diligence parfaicte, si elle*
n'est esmeuë de quelque affection.

270 *Le meschant nuit d'auantage, que*
que le bon ne profite.

271 *Il n'est besoin de beaucoup de delices*
pour la conseruation de la vie.

272 *Celuy n'est pas bien aduisé, qui ne*
regle ses appetits auec sa puissance.

273 *Personne ne peut courir aussi viste*
en poursuiuant, comme il faict en
fuyant.

274 *L'homme craintif ne sçauroit ren-*

G

acertar cofa que haga.

275 Ni ay precio que fatisfaga
al hombre que es codiciofo.

276 Ni fe alegra el embidiofo,
no eftando el vezino trifte.

277 Ni todo el viuir confifte,
fino en vna buena muerte.

278 Ni ay cofa que en todo acierte
fer a otra femejante.

279 Ni condicion inconftante
que a los amigos conferue.

280 Ni pueblo que fe preferue,
de vn domeftico tirano.

281 Ni dara confejo fano,
el que fu interes procura.

282 Ni puede vna gran ventura,
fi no ay otra, conferuarfe.

283 Ni es dificultofo hallarfe
lo neceffario a la vida.

crer à bien faire, quelque chofe
qu'il entreprenne.

275 Il n'y a rien de fi grand prix, qui
puiffe contenter celuy qui eft auaricieux.

276 L'enuieux ne fe refiouit pas, lors
que fon voifin n'eft pas trifte.

277 Toute la vie ne confifte qu'en vne
bonne mort.

278 Il n'y a chofe qui en tout et, par-
tout foit femblable à vne autre.

279 L'humeur fafcheufe, de l'homme
inconftant, ne peut conferuer fes
amis.

280 Il n'y a point de peuple qui fe puiffe
garentir d'vn tiran domeftique.

281 Celuy ne donnera bon confeil, qui
pourchaffe fon intereft.

282 Vne grande et bonne fortune ne fe
peut conferuer fans vne autre.

283 Ce n'eft pas chofe difficile de recou-
urer ce qui eft neceffaire à la vie.

G ij

284 Ni es de rayz entendida,
la ciencia fin esperiencia.

285 Ni es menester poça ciencia,
para fingir ignorançia,

286 Ni al que no enfalça abúdancia,
le abate tribulacion.

287 Ni ay quien no ponga aficion,
en fu propio beneficio.

288 Ni quien acierte vn oficio
fi en el primero no ha errado.

289 Ni teme fer falteado
quien no tiene que guardar.

280 Ni la verdad puede estar
por mucho tiēpo encubierta,

291 Ni la esperança que es muerta
haze alegre al que la tiene.

292 Ni ay hazienda quando viene
fin trabajo, que se estime.

284 *L'on ne sçauroit profondement en-*
tendre vne science, fans l'expe-
rience.

285 *Il n'est befoin de peu de science pour*
contrefaire l'ignorant.

286 *Celuy que l'abondance ne rend plus*
fuperbe, n'est point abbaissé par la
tribulation.

287 *N'y a perfonne qui ne foit affe-*
ctionné en ce qui est de fon propre
interest.

288 *Perfonne ne fera bien vn mestier,*
s'il n'y a premierement fait quel-
que faute.

289 *Celuy-là ne craint point d'estre vo-*
lé, qui n'a rien qui l'doiue garder.

290 *La verité ne peut estre cachée pour*
vn long temps.

291 *L'esperance qui est morte, ne rend*
ioyeux celuy qui espere.

292 *Les biens ne font pas estimez,*
quand ils nous viennent fans tra-
uail. G iij

293 Ni vicio que no encamine
   nueuo vicioso desseo.

294 Ni tengo por buen trofeo,
   la estatua no merecida.

295 Ni acorta tanto la vida,
   vejez, como mal viuir.

296 Ni ay enfado qual sufrir,
   vna muger melindrosa.

297 Ni obra dificultosa,
   que con el vso lo sea.

298 Ni quien mal su tiempo emplea,
   que el tiempo no le castigue.

299 Ni ay hombre que no mitigue
   su apetito con temor.

300 Ni entre los malos peor,
   que el que de serlo se precia.

301 Ni muger, sino es muy necia,
   que no tema algun malsin.

293 Il n'y a vice qui n'achemine vn autre vicieux desir.

294 Ie ne tien pas pour honorable triõ-
   phe la Statuë non meritée.

295 La vieillesse n'accourcit pas tant la
   vie, comme faict l'excés & la
   desbauche.

296 Il ne se peut souffrir plus grand
   desplaisir, qu'vne femme qui fait
   la mignarde.

297 Il n'y a œuure si difficile, qui auec
   l'vsage & accoustumance ne se
   rende facile.

298 Celui que employe mal le temps, le
   temps en fin le chastie.

299 Il n'y a homme qui n'appaise son
   appetit auec la crainte.

300 Entre les meschans il n'y en a point
   de pire, que celui qui se glorifie
   d'estre tel.

301 Il n'y a point de femme si elle n'est
   fort maladuisée, qui ne redoute
   vn mesdisant.

302 Ni ay donde se acerque el fin,
    como ala cosa madura.
303 Ni mas triste desuentura,
    que la que es sobre alegria.

304 Ni dadiua muy tardia,
    que se estime por lo que es.

305 Ni amistad por interes,
    que pueda mucho durar.

306 Ni quien guste de tratar,
    con amigo que empobrece.
307 Ni tengo del que aborrece
    el viuir, buena opinion.
308 Ni aura tan fuerte aficion,
    que con otra no se quite.
309 Ni vicio si se permite,
    que no venga a ser pejor.
310 Ni sufrimiento mejor,
    que el que escusar no se puede.
311 Ni amistad, si se concede,

302 Et n'y a rien qui soit si proche de sa
    fin, côme la chose qui est meure.
303 Il n'y a point de plus triste acci-
    dent, que celuy qui talonne vne
    allegresse.

304 Il n'y a point de present tardif & J
    attendu, qui soit estimé pour ce
    qu'il est.

305 Il n'y a point d'amitié fondee sur
    le profit, qui puisse durer longue-
    ment.

306 Il n'y a personne qui vueille hanter
    auec son ami qui deuient pauure.
307 Ie n'ay pas bonne opinion de celui
    qui se desplaist de viure.
308 Il n'y aura affection si forte, que
    par vne autre ne s'efface.
309 Il n'y a point de vice s'il est permis,
    qui ne vienne à s'empirer.
310 Il n'y a point de patience meilleure,
    que celle qui ne se peut euiter.
311 Il n'y a point plaisir dont l'on se ser-

que no pida otra amiftad.

312 Ni ay fimplezay claridad,
   como el lenguaje del jufto.

313 Ni puede viuir con gufto,
   quien tiene mala intencion.

314 Ni ay flacas fuerças fi fon
   ayudadas dela ira.

315 Ni quien tema aquien le mira,
   que no viua con recato.

316 Ni deleyte mas barato,
   que el que es fundado en virtud.

317 Ni fe eftima la falud,
   hafta el tiempo que fe pierde.

318 Ni puede el viejo que es verde,
   reñir al moço liuiano.

319 Ni ay cofa que al trato human

ue, qui ne requiere vn autre plaifir reciproque.

312 Il n'y a point de fimplicité & de
   clarté, telle comme eft le langage
   du iufte.

313 Celuy ne peut viure auec contentement, qui a vne intention de mal
   faire.

314 Il n'y a point de foibles forces, fi
   elles font affiftees de cholere.

315 Celui qui craint quand quelqu'vn
   le regarde, ne viura iamais fans
   foupçon & fan crainte.

316 Il n'y a point de plaifir qui coufte
   moins, que celui qui eft fondé fur
   la vertu.

317 La fanté ne s'eftime point iufques
   au temps que l'on la perd.

318 Le vieillard qui n'eft encore fage,
   ne peut pas reprendre le ieune
   eftourdi.

319 Il n'y a rien qui en affaires que nous

ofenda, como el mentir.

320 Ni ſe ſaben encubrir,
　　amor, riqueza y regalo.
321 Ni ay remedio para vn malo,
　　como acortarle el poder.
322 Ni ſe puede prometer.
　　en la vida coſa cierta.
323 Ni ay Circe que nos conuierta
　　en beſtias, como el peçado.

324 Ni eſpiritu afeminado,
　　como el rendido al deleyte.

325 Ni vi mas donoſo afeyte,
　　que el que es para encubrir canas

326 Ni platicas mas profanas,
　　que no ofendan al oydo,

327 Ni es bien que al arrepentido,
　　le neguemos el perdon.

auons auec les hommes, nuiſe plus
que le menſonge.

320 *L'amour, la richeſſe & les delices,*
　　ne ſe peuuent cacher.
321 *Il n'y a meilleur remede pour le mal,*
　　que d'en retrancher la puiſſance.
322 *L'on ne peut promettre en la vie,*
　　choſe quelconque d'aſſeuree.
323 *Il n'y a point de Circe qui nous*
　　conuertiſſe en beſtes, comme fait
　　le peché.
324 *Il n'y a point d'homme plus effemi-*
　　né, que celuy qui eſt ſubiect à ſon
　　plaiſir.
325 *Ie n'ay oncques veu un fard plus*
　　plaiſant, que celuy qui ſert pour
　　couurir le poil blanc.
326 *Ni des parolés eſtans beaucoup pro-*
　　fanes, qui n'offencent les oreilles
　　des gens de bien.
327 *Ce n'eſt pas bien fait de nier le par-*
　　don, à celui qui s'eſt repenti de ſa
　　faute.

328 Ni que tenga la opinion
    mano contra la verdad.
329 Ni que halle la maldad,
    en la justicia descargo.
330 Ni que el subdito haga cargo,
    que pudo, y no fue traydor.

331 Ni que apriete al labrador,
    quien come de su trabajo.

332 Ni quien se piense del baxo,
    que no ha de cortar su espada.
333 Ni creo que ay mas pesada
    compañia, que del necio.

334 Ni que fue solo Boecio,
    sin razon el afligido.

335 Ni ay alguno tan sabido,
    que sepa lo que le basta.
336 Ni es justo que por ser casta,

328 Ni que l'opiniastreté face ferme
    contre la verité.
329 Ni que la meschanceté trouue du
    support et descharge en iustice.
330 Il ne faut pas que le subiect se vaun-
    te de tenir son seigneur obligé, d'a-
    uoir peu le trahir, & de n'en auoir
    rien fait.
331 Ni que celuy qui vit du trauail du
    pauure laboureur, vienne à l'op-
    primer.
332 Ni de penser d'un homme de peu,
    que son espee ne doiue pas trancher.
333 Ie ne crois pas qu'il y ait compagnie
    qui soit plus ennuyeuse, que celle
    d'un fat.
334 Ni pareillement qu'il ne fut iamais
    qu'un Boetius qui ait esté affligé
    sans subiect.
335 Il n'y a personne tant sçauant qu'il soit,
    qui sache ce qu'il luy faut sçauoir
336 Il n'est raisonnable que la femme

la muger fe haga infufrible.

337 Ni ay cofa que fea impoffible,
    al hombre trabajador.
338 Ni manjar con fu fabor,
    fi fe come a mefa agena.

339 Ni cautelofa Sirena,
    como muger ofendida.
340 Ni arte bien aprendida,
    que facilmente fe oluide.
341 Ni hombre que en lo que pide,
    fu razon no juftifique.
342 Ni quien haga aūque predique,
    tanto efeto como obrando.

343 Ni ganara (como honrando)
    honra el que a otro la dio.
344 Ni el que es prudéte emprendio
    obra, fin caufa proüable.

           345 Ni

   pour eftre chafte fe rende infupor-
   table.

337 *Il n'y a chofe qui foit impoffible, à*
    celuy qui fe rend affidu au trauail.
338 *Il n'y a viande qui fe mange auec*
    fa faueur, quand l'on eft à la table
    d'autruy, ou que l'on vit aux def-
    pens d'autruy.
339 *Il n'y a Syrene fi cauteleufe, com-*
    me vne femme offencee.
340 *L'art que l'on a bien apprins, ne fe*
    peut oublier aisément.
341 *Il n'y a perfonne qui en ce qu'il de-*
    mande, ne iuftifie fes raifons.
342 *Il n'y a homme qui ne face plus d'ef-*
    fect par fes bonnes œuures, qu'a-
    uec fes paroles, encores qu'il pref-
    chaft.
343 *L'honneur s'accroift à celuy qui le*
    rend à autruy.
344 *Celuy qui eft prudent n'entreprend*
    rien fans raifon probable.

                    H

345 Ni aura ley que sea agradable, / ygualmente al bueno y malo.

346 Ni falta vn Sardanapalo, / a cuya sombra se pegue.

347 Ni al sabio quien le derrueque, / por encubrir la inorancia.

348 Ni ay camino de importancia, / sin algun fin señalado.

349 Ni beneficio estimado / como aquel que no se deue.

350 Ni quien apruaue ô reprueue, / sino segun su aficion.

351 Ni mucha conuersacion, / que conserue grauedad.

352 Ni muestra tener piedad, / el que injuria al inocente.

353 Ni si el miedo es eminente, / aura respeto que baste.

354 Ni caudal que no se gaste, / en la guerra, quando empieça

345 Il n'y aura loy qui soit esgalement / agreable au bon, comme au meschät.

346 Il ne manquera iamais de Sarda-/napale, à l'ombre duquel l'on face / mal.

347 Tousiours quelquë ignorant ren-/uerse les raisons du sage, pour cou-/urir son ignorance.

348 Il n'y à point d'importante entre-/prise, sans quelque occasion signalee.

349 Il n'est bienfait tant estimé, com-/me celui qui ne nous est point deu.

350 Il n'y a personne qui n'approuue ou / n'improuue, sinon selon son affectiö.

351 Il n'est point de grande frequenta-/tion qui conserue la grauité.

352 Celui ne tesmoigne auoir de la pieté, / qui iniurie l'innocent.

353 Il n'y a respect qui tienne quand le / peril est eminent.

354 Il n'y a fond de la bourse qui ne se / dissipe, lors que la guerre commence.

H ij

355 Ni mas dañosa flaqueza,
　que adelantar el temor.
356 Ni virtud de mas valor,
　que hazer bié por solo hazerle.

357 Ni mas bien quel el merecerle,
　pues que no ay mejor caudal.

358 Ni al que ha sido desleal,
　ay porque guardarle fe.
359 Ni faltara vn noseque,
　al cuento del malicioso.
360 Ni es el hombre venturoso,
　hasta que excusa a fortuna.

361 Ni se hizo cosa alguna,
　sin algun fin por su modo.
362 Ni castigo en parte, o todo,
　falta al delito que es graue.
363 Ni aura cerradura, o llaue,
　que assegure lo estimado,
364 Ni desorden mas vsado,

355 Il n'y a foiblesse plus dommageable,
　que d'augmenter la crainte.
356 Il n'y a vertu de plus grande va-
　leur, que de faire bien pour seulemét
　bien faire.
357 Il n'y a plus grand bien que de le
　meriter, puis qu'il n'y a point de
　plus riche thresor que le meriter.
358 Il n'y a pas dequoy garder la foy à
　l'homme desloyal et infidelle.
359 Il y aura toustours vn ie ne sçay
　quoy, au compte du malicieux.
360 L'homme n'est heureux iusqu'à ce
　qu'il ait esquiué les hazards de for-
　tune.
361 Il ne se fait rien sans quelque des-
　sein particulier.
362 Le chastiment ne maque point à vne
　griefue offence, en tout ou en partie.
363 Il n'y aura serrure ni clef, qui asseu-
　re ce que l'on estime beaucoup.
364 Il n'y a desordre plus frequent, que

H ij

se puede esperar emienda.

375 Ni he visto quien de su haziéda,
　　se muestre muy liberal.

376 Ni tiene el pez, ò animal,
　　paz, no estado el hombre ahito.

377 Ni ay ramillete marchito,
　　como el bueno, y perseguido.

378 Ni deue ser reprehendido,
　　el que a los otros corrige.

379 Ni es muy fuerte el que lo aflige,
　　en el peligro dudoso.

380 Ni es del bien comun zeloso,
　　el que atiende à su interes.

381 Ni sera recto juez,
　　el que para si no sabe.

gement, l'onn'en doit point esperer
d'amandement.

375 Je n'ay veu personne qui soit grandement liberal de son bien : qui ne
face aussi du cuir d'autrui large
courroye.

376 Ni le poisson ni la chair n'ont point
de paix, iusques à ce que l'homme
soit saoul.

377 Il n'y a point de bouquet plus fletri,
que l'homme de bien qui est persecuté.

378 Celui doit estre exempt de faute,
qui veut reprendre les autres.

379 Celui n'est pas beaucoup courageux,
qui s'afflige aux entreprinses ha-
zardeuses.

380 Celui n'est pas zelateur du profict
du public, qui est attentif à son interest particulier.

381 Celui ne sera iuge equitable pour autrui, qui ne l'est pour soi mesme.

382 Ni aura medicina graue,
    si nos promete salud.

383 Ni se adquiere la virtud,
    sin gran trabajo, y sudor.

384 Ni ay quien estime el amor,
    del hombre necessitado.

385 Ni cauallo desbocado,
    como vulgar condicion,

386 Ni tan aspera prision,
    que vn cantar no la consuele.

387 Ni cosa que assi desuele,
    como vn triste pensamiento.

388 Ni aura nueuo acaecimiento,
    que no admire à la inorancia.

389 Ni ciencia si es de importancia,
    sin su madre la experiencia,

390 Ni ay antigua dependencia,
    sin algun arcaduz roto.

391 Ni deue juzgarse vn doto,

382 Il n'y aura point de medecine fâ-
    cheuse, si elle nous promet la san.

383 La vertu ne s'aquiert sans gran
    trauail & sueur.

384 Personne ne fait estat de l'amiti
    d'vn homme souffreteux.

385 Il n'y a cheual fort en bouche, com-
    me l'humeur du vulgaire.

386 Il n'y a prison si fâcheuse, où en
    chantant l'on ne reçoiue quelque
    consolation.

387 Ni chose qui nous resueille tant,
    comme vne tristepensée.

388 Jamais n'arriueront de nouueaux
    accidens, qui n'estonnent les igno-
    rans.

389 Il n'y aura science, si elle est d'im-
    portance, sans sa mere l'experience.

390 Il n'y a point de fontaine, c'est à di-
    re de race ou descente antique, où
    il n'y ait quelque tuyau rompu.

391 L'on ne doit pas iuger quelqu'vn

por voto del que no fabe,

392 Ni ay hombre que no fe alabe,
de lo que es, o pudo fer.

393 Ni el arbol puede crecer,
fi es muchas vezes trafpuefto,
394 Ni mira a lo que es honefto,
el hombre neceffitado.

395 Ni el gloton defconcertado,
entra fano en la vejez.
396 Ni puede auer buen juez
en los cafos de ventura.

397 Ni trifteza, ô defuentura,
como falta de jufticia.
398 Ni el valedor con codicia,
fuele fer muy verdadero.

399 Ni el amigo lifongero,
lo ferà en fortuna aduerfa.

pour fçauant, par la feule opinion
d'vn ignorant.

392 Il n'y a homme qui ne fe vante de
ce qu'il eft, et de ce qu'il a peu eftre.
393 L'arbre ne peut croiftre & prendre racine, quand il eft fouuent
tranfplanté.
394 L'homme neceffiteux ne regarde
pas à ce qui eft honnefte.
395 Le gourmand & addonné à la desbauche, n'entrera en la vieilleffe auec
fanté.
396 Il n'y peut auoir de bon inge, és chofes qui dependent de l'aduenture.
397 Il n'y a trifteffe & malencontre
plus grande, que d'auoir manque
de Iuftice.
398 L'aduocat ou fauteur auaricieux n'a
pas de couftume d'eftre veritable.
399 Le flateur qui feint d'eftre amy,
ne le fera plus en l'aduerfité, quand
la fortune aura tourné le dos.

409 Ni aura fabio pobre, ô roto,
que fepa donde va tabla.

410 Ni lo que à cafo fe habla
por el rico, que no admire.

411 Ni mayordomo que mire
por la hazienda, como el dueño.

412 Ni el que obedece con ceño,
da mueftras de mucho amor.

413 Ni el que manda con rigor,
obliga à fer muy querido.

414 Ni fia de fu partido,
el que gran partido ofrece.

415 Ni todo lo que parece
oro, es mas que la aparencia.
416 Ni quien de agena prudencia,
no tenga neceffidad.

417 Ni

409 Le fage qui eft pauure & defchiré
ne fraitou fe plaçera la dame, &
ne fera iugé capable de pouuoir
donner un bon aduis.

410 Et ce que un riche dira à tort, ou à
trauers, chacun l'admirera & le
trouuera bon.

411 Il n'y a point de maiftre d'hoftel qui
prenne garde de fi pres au bien de
la maifon, côme le maiftre mefme.

412 Celuy qui n'obeit que quand on fe
renfrongne, ne donne pas un grand
tefmoignage d'affection.

413 Celuy qui ne commande qu'auec rigueur, n'oblige pas à fe faire aymer.

414 Celuy qui fait des offres trop ad-
uantageufes n'eft pas bien affeuré
de fon party.

415 Tout ce qui femble or, n'eft autre
chofe que l'apparence.

416 Il n'y a perfonne fi fage, qui n'ait
befoin du confeil d'autruy.

I

382 Ni aura medicina graue,
    si nos promete salud.
383 Ni se adquiere la virtud,
    sin gran trabajo, y sudor.
384 Ni ay quien estime el amor,
    del hombre necessitado.
385 Ni cauallo desbocado,
    como vulgar condicion,
386 Ni tan aspera prision,
    que vn cantar no la consuele.

387 Ni cosa que assi desuele,
    como vn triste pensamiento.
388 Ni aura nueuo acaecimiento,
    que no admire à la inorancia.

389 Ni ciencia si es de importancia,
    sin su madre la experiencia.
390 Ni ay antigua dependencia,
    sin algun arcaduz roto.

391 Ni deue juzgarse vn doto,

382 *Il n'y aura point de medecine fas-*
    cheuse, si elle nous promet la santé.
383 *La vertu ne s'aquiert sans grand*
    trauail, & sueur.
384 *Personne ne fait estat de l'amitié*
    d'vn homme souffreteux.
385 *Il n'y a cheual fort en bouche, com-*
    me l'humeur du vulgaire.
386 *Il n'y a prison si fascheuse, où en*
    chantant l'on ne reçoiue quelque
    consolation.
387 *Ni chose qui nous resueille tant,*
    comme vne triste pensee.
388 *Jamais n'arriueront de nouueaux*
    accidens, qui n'estonnent les igno-
    rans.
389 *Il n'y aura science, si elle est d'im-*
    portance, sans sa mere l'experience.
390 *Il n'y a point de fontaine, c'est à di-*
    re de race ou descente antique, où
    il n'y ait quelque tuyau rompu.
391 *L'on ne doit pas iuger quelqu'un*

por voto del que no sabe,

392 Ni ay hombre que no se alabe,
de lo que es, o pudo ser.

393 Ni el arbol puede crecer,
si es muchas vezes traspuesto,
394 Ni mira a lo que es honesto,
el hombre necessitado.

395 Ni el gloton desconcertado,
entra sano en la vejez.
396 Ni puede auer buen juez
en los casos de ventura.

397 Ni tristeza, ô desuentura,
como falta de justicia.
398 Ni el valedor con codicia,
suele ser muy verdadero.

399 Ni el amigo lisongero,
lo será en fortuna aduersa.

pour sçauant, par la seule opinion
d'vn ignorant.

392 Il n'y a homme qui ne se vante de
ce qu'il est, et de ce qu'il a peu estre.

393 L'arbre ne peut croistre et prendre racine, quand il est souuent
transplanté.

394 L'homme necessiteux ne regarde
pas a ce qui est honneste.

395 Le gourmand et addonné à la desbauche, n'entrera en la vieillesse auec
santé.

396 Il n'y peut auoir de bon iuge, és choses qui dependent de l'aduenture.

397 Il n'y a tristesse et malencontre
plus grande, que d'auoir manque
de Iustice.

398 L'aduocat ou fauteur auaricieux n'a
pas de coustume d'estre veritable.

399 Le flateur qui feint d'estre amy,
ne le sera plus en l'aduersité, quand
la fortune aura tourné le dos.

400 Ni conuerfacion diuerfa,
le viene à pelo al que es vano.

401 Ni fe ha de dar al liuiano,
mucha mano en el gaftar.

402 Ni el arte de aconfejar,
quadra a todos los juyzios.

403 Ni podra el que es dado à vicios,
negar que no efta cautiuo.

404 Ni ay quié diga que vn cá viuo,
vale menos que vn leó muerto,

405 Ni que el derecho es muy cierto,
quando efta puefto en cótienda.

406 Ni ay pleyto que bien fe entiéda,
fi es fofifta el abogado.

407 Ni es malo que aya mercado,
porque al fin todo fe vende.

408 Ni puede en lo que no entiéde,
ningun hombre dar fu voto,

400 *A l'homme vain, la diuerfité des*
compagnies luy vient à contrepoil.

401 *Il ne faut donner à vn eftourdy,*
beaucoup de licence à defpendre.

402 *L'art de bien confeiller n'eft conue-*
nable à toutes fortes de iugemens.

403 *Celuy qui eft addonné au vice, ne*
peut nier qu'il ne foit en captiuité.

404 *Il n'y a perfonne qui fouftienne,*
qu'vn chien vif vaille moins qu'vn
lion mort.

405 *Ni que le bon droict foit beaucoup*
affeuré, lors qu'il eft mis en con-
trouerfe.

406 *Vn different n'eft pas bien enten-*
du, lors que l'Aduocat eft vn
brouillon.

407 *Ce n'eft pas chofe mauuaife qu'il y*
ait vn marché, puis qu'en fin tout
fe vend.

408 *Perfonne ne peut donner fon ad-*
uis, en chofe qu'il n'entend pas.

409 Ni aura sabio pobre, ô roto,
　que sepa donde va tabla.

410 Ni lo que à caso se habla
　por el rico, que no admire.

411 Ni mayordomo que mire
　por la hazienda, como el dueño.

412 Ni el que obedece con ceño,
　da muestras de mucho amor.

413 Ni el que manda con rigor,
　obliga à ser muy querido.

414 Ni fia de su partido,
　el que gran partido ofrece.

415 Ni todo lo que parece
　oro, es mas que la aparencia.

416 Ni quien de agena prudencia,
　no tenga necessidad.

409 *Le sage qui est paudre & deschiré
ne sçait ou se plaçera la dame, &
ne sera iuge capable de pouuoir
donner vn bon aduis.*

410 *Et ce que vn riche dira à tort, ou à
trauers ; chacun l'admirera & le
le trouuera bon.*

411 *Il n'y a point de maistre d'hostel qui
prenne garde de si pres au bien de
la maison, cöme le maistre mesme.*

412 *Celuy qui n'obeit que quand on se
renfrongne, ne donne pas vn grand
tesmoignage d'affection.*

413 *Celuy qui ne commande qu'auec rigueur, n'oblige pas à se faire aymer.*

414 *Celuy qui fait des offres trop-ad-
uantageuses n'est pas bien asseuré
de son party.*

415 *Tout ce qui semble or, n'est autre
chose que l'apparence.*

416 *Il n'y a personne si sage, qui n'ait
besoin du conseil d'autruy.*

417 Ni tan baxa enemiftad,
que no caufe algun temor.

418 Ni ay pacifico feñor,
fin obediente vaffallo.

419 Ni gufto que al intentallo,
reprefente inconuenientes.

420 Ni bienhechores parientes,
como vn amigo, fi es bueno.

421 Ni mas dañofo veneno,
que el malo con agudeza.

422 Ni ay remedio à la pobreza,
como acortar el defleo.

423 Ni mas claro deuaneo,
que el que no fe determina.

424 Ni ay beftia falfa mohina,
que al cabo no de fu coz.

425 Ni vale nada la hoz,
que todo yerua no fiega.

417 Il n'y a point d'inimitié si petite, qui
ne caufe quelque crainte.

418 Il n'y a point de feigneur pacifique,
qui n'ait des vaffaux obeiffans.

419 Il n'y a point de plaifir qui nous reprefente aucun inconuenient, quãd
nous en faifons la recherche.

420 Il n'y a point de parens qui facent
tant de plaifir qu'vn amy, quand il
eft bon.

421 Il n'y a point de plus dangereux ve-
nin, que le mefchant quand il eft
fubtil & rufé.

422 Il n'eft tel remede en la pauureté,
que de luy retrancher fes defirs.

423 Il n'eft pas de plus apparente folie,
que telle de l'homme qui n'a aucun
deffein arrefté.

424 Il n'y a fauffe befte hargneufe, qui
en fin ne donne fon coup de pied.

425 La faucille n'eft pas bonne, qui ne
coupe toutes fortes d'herbes.

426 Ni el que de passion se ciega,
  puede juzgar con verdad.
427 Ni en las leyes de amistad,
  es buena la medicina.
428 Ni dizen bien couardia
  y profession de milicia.

429 Ni ay donde crezca codicia,
  como do està la riqueza.
430 Ni quien sienta la pobreza,
  come el que rico se vio.
431 Ni vimos que escarmento,
  el ladron, ni la hechizera.

432 Ni se halla bestia fiera,
  que no fuesse agradecida.
433 Ni a colera embrauecida,
  ay inconueniente graue.
434 Ni ay mal que al fin no se acabe,
  con sufrimiento, y paciencia.

435 Ni remueue la conciencia,

426 *Qui est aueugle de passion ne peut*
  iuger auec verité.
427 *Aux sont de l'amitié, la medecine*
  n'est pas necessaire.
428 *La couardise et la profession de*
  soldat, ne s'accordent pas bien en-
  semble.
429 *Il n'y a lieu ou croisse l'auarice,*
  comme la ou sont les richesses.
430 *Personne ne ressent la pauureté,*
  comme celuy qui s'est veu riche.
431 *Il ne se vit iamais que le larron ni*
  la sorciere, se soient corrigez par
  exemple, soit d'eux ou d'autrui.
432 *Il n'y a beste farouche, qui ne reco-*
  gnoisse qui luy a fait du bien.
433 *Ni colere furieuse, qui redoute les*
  accidens qui pourront arriuer.
434 *Il n'y a mal qui quelque iour ne*
  prenne fin, par la souffrance et la
  patience.
435 *Il n'y a pas tant de remords de con-*

al pecar, como al dar cuenta.

436 Ni el que ha recebido afrenta,
jamas puede estar quieto.
437 Ni el que agradece en secreto,
da muestras de agradecido.

438 Ni deroga el que es vencido,
los pactos del vencedor.

439 Ni es bueno se vse rigor,
con el delito de muchos.

440 Ni con los hobres machuchos,
se ha de viuir sin recato.

441 Ni falta jamas vn gato,
entre gente descuydada.
442 Ni lo que a muchos agrada,
puede de todos guardarse
443 Ni deue propio llamarse,
lo que se puede perder.

science au peche, comme à le vendre
compte de ses faures.

436 Celuy qui a receu vn affront, ne
peut iamais estre à repos.

437 Celuy qui rend graces en secret, ne
rend suffisant tesmoignage de gra-
titude.

438 Celuy qui est vaincu, ne peut desro-
ger aux pactions de celuy qui est
vainqueur.

439 Il n'est à propos de punir auec rigueur, la faute commise par plusieurs.

440 Celuy doit bien prendre garde à
soy, qui veut viure auec des mauuais
& gens malicieux.

441 Il n'y a iamais manque de chat, entre gens mal soigneux et negligés.

442 Ce qui est agreable à plusieurs, ne se
peut pas garder de tous.

443 L'on ne doit appeller vne chose propre, laquelle se peut perdre.

444 Ni fabra darfe a entender,
el hombre que poco fabe.

445 Ni ay combite en que fe acabe,
la començada razon.

446 Ni a quien falte obligacion,
de amar o fufrir fu padre.

447 Ni muy amorofa madre,
fi a fu hijo no da leche.

448 Ni ay quié menos fe aproueche,
del tiempo que el inconftante.

449 Ni medrara el inorante,
fegun orden natural.

450 Ni fe deue hazer caudal,
del hombre que es mentirofo.

451 Ni ay foberuio maliciofo,
como el blando en el hablar.

452 Ni freno contra el pecar.

444 *L'homme qui fçaura peu de chofe,*
aura bien de la peine à fe faire en-
tendre.

445 *Il n'y a point de banquet, où l'on*
puiffe parachever vn difcours en-
commencé.

446 *Il n'y a perfonne qui ne foit obligé,*
d'aymer fon pere, ou d'endurer de
luy.

447 *Ni mere qui ayme beaucoup fon*
enfant, fi elle ne lui donne la ma-
melle,

448 *Il n'y a perfonne qui fe ferue moins*
du temps que l'inconftant.

449 *L'ignorant ne s'auancera pas fe-*
lon l'ordre de la nature.

450 *L'on ne doit faire nul eftat, de l'hô-*
me qui eft menteur.

451 *Il n'eft point de fuperbe fi mal fai-*
fant, comme celui qui vfe de doux
langage.

452 *Il n'y a point de tel frein contre le*

como la honra, o temor.

453 Ni desconsuelo mayor,
que hambre en cala vazia.

454 Ni poder y loçania,
que moderen el desseo.

455 Ni se da por cosa feo,
sino el que el vulgo condena.
(pena,

456 Ni ay crueldad que en dar gran
sea mayor que el dilatarla.

457 Ni arte que el imitarla,
yguale con su inuencion.

458 Ni primera informacion,
que no disponga à creer.

459 Ni quien le sobre el poder,
sino al que no le dessea.

peché, comme l'honneur & la
crainte.

453 Il n'y a au monde plus grande de-
solations que la faim en vne maison vuide.

454 Il n'y a pouuoir ni gaillardise, qui
modere le desir.

455 L'on ne tiens pour chose laide et
desbonneste, sinon ce que le vulgaire condamne.

456 Il n'y a point de cruauté plus grande que de differer la peine d'vn
grief supplice, apres auoir esté or-
donné.

457 Il n'y a point d'art, dont l'imitatiõ
s'egalle à l'inuention.

458 Il n'y a point de premiere information, qui ne nous dispose à croire
le faict.

459 Il n'y a personne a qui il reste du
pouuoir, comme à celui qui n'en
desire point.

las cosas por el sucesso.

469 Ni ay costubre aun fin excesso,
que facilmente se quite.

470 Ni vicio que resuscite,
que no buelua mas dañado.

471 Ni mentir dissimulado,
si no se tiene memoria.

472 Ni aura tan cierta vitoria,
como vna segura paz.

473 Ni razon mas eficaz,
que el exéplo,y la experiencia

474 Ni fauorable sentencia,
como qualquiera concierto.

475 Ni tan abrigado puerto,
que algun viento no le ofenda

476 Ni ay quien sus faltas entienda,
como las de su vezino.

choses par le succez d'icelles.

469 Il n'y a point de coustume qui se
puisse aisement oster, encores qu'il
n'y ait point d'excez.

470 Ni vice, s'il se renouuelle, qui ne
se rende encor pire.

471 Il n'y a mensonge bien couuert, si
l'on n'a la memoire bonne.

472 Il n'y aura victoire si certaine,
comme vne paix bien asseurée.

473 Il n'y a point de raison qui ayt plus
d'efficace que l'exemple & l'experience.

474 Il n'y a point de plus fauorable
sentence qu'vn accord quel qu'il
soit, quand mesmes il y auroit de
la perte.

475 Il n'y a point de port si à l'abri, que
quelque vent n'y donne & n'in-
commode ceux qui s'y sont retirez.

476 Il n'y a personne qui recognoisse ses
fautes, comme celles de son voisin.

477 Ni vi mayor defatino,
    que penfar nadie que fabe.

478 Ni ay gran hecho que fe acabe,
    fin propio valor y ayuda,

479 Ni a fortuna que fe muda,
    bafta humana refiftencia.

480 Ni fuele tener paciencia,
    el ingenio confiado.

481 Ni vi hombre apaffionado,
    que con la raçon fe mida,

482 Ni puede dar gran cayda,
    aquel que poco fubio.

483 Ni al que por fuerça fufrio,
    juzgare por inconftante.

484 Ni ay vicio que mas efpante,
    que hablar mal de los aufentes.

485 Ni exemplos mas euidentes,
    que los de fortuna aduerfa.

486 Ni

477 Ie n'ay point veu de plus gran
    de folie, que celle de l'homme qu
    penfe fçauoir.

478 Une grande entreprinfe ne fe peu
    acheuer, fans la propre valeur d
    l'entrepreneur, et l'aide d'autrui.

479 L'humaine refiftance n'eft baftan
    te contre la fortune qui fe change.

480 L'efprit de l'homme qui fe fie trop
    en fes forces, ne peut viure en pa-
    tience.

481 Ie n'ay point veu d'homme grande-
    ment paffionné, qui fe mefure par
    la raifon.

482 Celui ne fçauroit tomber de bien
    hault, qui n'a monté que bien peu.

483 Vous ne pouuez iuger pour incon-
    ftant, celui qui eft forcé d'endurer.

484 Il n'y a vice qui eftonnante d'auan-
    tage, que de mal parler des abfens.

485 Il n'y a exemples plus euidens, que
    ceux de la fortune aduerfe.

K

486 Ni condicion tan peruerfa,
　que amor nò la truequey mude.
487 Ni merece el que no acude
　à fu negocio, fe haga.

488 Ni ay trabajo de mas paga,
　que el que algun peligro escusa.

489 Ni honra para el que acusa,
　aunque fea a fu enemigo.

490 Ni nos alegra el amigo,
　como el tiempo que fe haze.

491 Ni a gran honra fatisfaze,
　moderado penfamiento.

492 Ni ay pilar de tal fuftento,
　como el premio, y el caftigo.

493 Ni fera durable amigo,
　el que fin caufa fe inflama.

486 Il n'y a humeur fi farouche, que l'a-
　mour ne puiffe changer.
487 Celui qui n'eft pas foigneux à foli-
　citer fon affaire, ne merite pas
　qu'elle faffaict.

488 Il n'y a point de trauail digne de
　plus grande recompenfe, que celuy
　qui exempte de quelque danger.
489 Il n'y a point d'honneur pour celui
　qui accufe quelqu'un, encores que
　ce foit fon ennemi.

490 Iamais l'ami ne nous refiouit tant,
　que lors que nous conuerfons ami-
　tié auec lui.

491 La defpenfe d'vn deffein reiglé, ne
　fuffit pour paruenir à grand hon-
　neur.

492 Il n'y a point de colomne fi ferme,
　comme la recompenfe et le cha-
　ftiement.

493 L'amy ne fera point durable,
　fans caufe...

494 Ni ay yerro contra el que ama,
que ſe tome à mala parte.

495 Ni el que no ſabe ſu arte,
deue por el ſer honrado.

496 Ni ſe qual da mas cuydado,
la ventura, o deſuentura.

497 Ni vi hombre con cordura,
quando vee el fin de ſu mal.

498 Ni al que es caſto o liberal,
ſe le nota otra flaqueza.

499 Ni baſta ſangre o riqueza,
para dilatar la vida.

500 Ni el que ſufre ſu cayda,
dexa de moſtrar valor.

501 Ni puede eſtar ſin temor,
el que es de muchos temido.

494 Il n'y a offence faicte contre celui
qui aime, qui ſe prenne en mauuaiſe part.

495 Celui qui n'eſt expert en ſon art,
ne doit eſtre honoré à cauſe d'icelui.

496 Ie ne ſçay pas laquelle des deux dô-
ne plus de ſouci, la bonne ou la mauuaiſe fortune.

497 Ie n'ay point veu d'homme ſage,
qui ne ſoit transporté d'aiſe, quand
il voit la fin de ſon mal.

498 En celui qui eſt chaſte & liberal,
il ne ſe remarque point d'autre
foibleſſe.

499 Ni la grande extraction, ni la richeſſe, ne peuuent allonger noſtre
vie.

500 Celui qui ſupporte partemment ſa
cheute, ne laiſſe pas de teſmoigner
ſon courage.

501 Celuy ne peut eſtre ſans crainte, lequel eſt redouté de pluſieurs.

502 Ni el que se da por vencido,
    de fortuna, es valeroso.

503 Ni permanece el dichoso,
    mucho en su prosperidad.

504 Ni es la virtud de humildad,
    de ninguno aborrecida.

505 Ni ay hombre que en esta vida,
    ponga fin a su desseo.

506 Ni animalejo tan feo,
    que no pueda conseguille.

507 Ni traydor que el reduzille,
    se haga sin grande maña.

508 Ni prouincia tan estraña,
    que para el sabio lo sea.

509 Ni destierro en ruyn aldea,
    que algun no le apetezca.

510 Ni poblacion que carezca
    de lo que al viuir le basta.

511 Ni hazienda para el que gasta,

    H

502 Celui n'est braue & courageux
    qui se laisse vaincre par la fortune.

503 L'homme bien heureux, ne demeure
    pas long temps en sa prosperité.

504 La vertu de l'humilité n'est desplai-
    sante à personne.

505 Il n'y a homme en ce monde, qui
    mette fin à son desir.

506 Il n'y a animal si petit, ny si laid, qui
    ne puisse paruenir à son desir.

507 Il est bien difficile de reduire le trai-
    stre & le meschant à bien faire,
    sans vne grande dexterité.

508 Il n'y a point de prouince tant
    estrangere, qui soit estrage à l'hom-
    me sage.

509 Il n'y a bannissement en si chetif
    village, que quelqu'vn ne le desire.

510 Il n'y a point de lieu habité, qui mã-
    que de ce qui lui fait besoin pour
    viure.

511 Il n'y a bien qui puisse suffire, à la de-

como prodigo fu hazienda.

512 Ni fabio que en fu contienda,
    de la razon no fe ampare.

513 Ni imprudente que repare,
    en que no ay de quien fiar.

514 Ni puede jamas faltar,
    confuelo en ageno daño.

515 Ni viue con poco engaño,
    quien pienfa viuir fin pena.

516 Ni fera la caufa buena,
    fi ha de obrar piedad notoria.

517 Ni ay laftimofa memoria,
    como al padre el hijo muerto.

518 Ni el que viue fin concierto,
    cofa intenta fin perder.

519 Ni puede permanecer,
    la honra en ocio ganada.

fpence d'vn prodigue.

512 *Il n'y a fage qui en fes debats &*
    contentions, ne fe defende par la
    raifon.

513 *Ni imprudent qui confidere, qu'il ne*
    faut fe fier à perfonne.

514 *Iamais ne peut manquer la confola-*
    tion au mal d'autrui.

515 *Celui qui penfe viure au monde fans*
    peine, ne vit pas fans fe tromper
    grandement.

516 *La caufe de quelqu'vn ne fera bon-*
    ne, s'il a befoin que l'on vfe enuers
    lui d'apparence mifericorde.

517 *Il n'y a point de fouuenance plus fa-*
    cheufe au pere, que la mort de fon
    enfant.

518 *Celui qui vit fans ordre, n'entre-*
    treprend iamais d'affaire fans y
    perdre.

519 *L'honneur acquis fans trauail ne*
    peut eftre de longue duree.

520 Ni es arte muy acceptada,
    quando no es ytil fu efeto,

521 Ni del animo inquieto,
    fe efpera conformidad.

522 Ni puede auer grauedad,
    donde efta amor declarado.

523 Ni ay vicio mas disfraçado,
    que el que parece virtud.

524 Ni agradable fenectud,
    fino fola la del fabio.

525 Ni aura ningun Aftrolabio,
    que mida el humano pecho.

526 Ni tengo por de prouecho,
    al que a otros no aprouecha.

527 Ni ay tormenta tan deshecha,
    que al marinero efcarmiente.

528 Ni razon que el que es Regente,
    dexe de guardar la ley.

520 *Le meftier n'eft pas beaucoup a-*
    greable, qui ne produict aucun ef-
    fect vtile,

521 *Il ne faut efperer d'vn efprit turbu-*
    lent, vne egalité en fes deporte-
    mens.

522 *Il n'y peut auoir de grauité où l'a-*
    mour eft vne fois declaré.

523 *Il n'y a vice mieux desguisé, que ce-*
    lui qui femble eftre vertu.

524 *Il n'y a point de vieilleffe agreable,*
    finon celle de l'homme fage.

525 *Il n'y a point d'Aftrolabe, qui puiffe*
    mefurer le cœur de l'homme.

526 *Ie ne tiens pas pour vtile au monde,*
    celui qui ne profite nullement aux
    autres.

527 *Il n'y a point de tourmente fi dan-*
    gereufe, qu'elle rende le marinier
    plus fage.

528 *Il n'eft nullement raifonnable que*
    celuy qui commande, s'exempte de
    garder la loy.

529 Ni puede en agena grey,
. ninguno hazer ordenanças.
530 Ni fon juftas las balanças,
. fi carga la que es dorada.

531 Ni cofa muy bien mirada,
. que no fe juzgue de nueuo.

532 Ni quiero dezir que aprueuo,
. al que prefto determina.
533 Ni fera vna medicina,
. para todos los humores.
534 Ni jamas vi dos feñores,
. que quieran juntos mandar.

535 Ni aura para que eftimar
. al temerario, aunque acierte.

536 Ni fe puede huyr la muerte,
. que es mas que el hombre ligera.
537 Ni aura amiftad verdadera,

529 Nul ne peut faire des ordonnaces,
. fur le bercail qui ne lui appartient.
530 *Les balances ne font pas iuftes,*
. *quand celle qui eft doree poife d'a-*
. *uantage que l'autre.*
531 *Il n'y a iamais chofe fi bien efpelu-*
. *chée, qui ne puiffe eftre iugée tout*
. *de nouueau*
532 *Ie ne veux pas dire, que i'approuue,*
. *celui qui promptement fe refout.*
533 *Une mefme medecine n'eft conuena-*
. *ble, pour toutes fortes d'humeurs.*
534 *Ie ne vis iamais deux Seigneurs,*
. *qui vouluffent s'accorder à com-*
. *mander enfemblement.*
535 *Encores qu'il arriue quelque fois au*
. *temeraire de venir à bout de quel-*
. *que entreprinfe, il ne l'en faut pour-*
. *tant eftimer.*
536 *La mort ne fe peut fuir, car elle eft*
. *plus legere que l'homme.*
537 *Iamais n'y aura d'amitié vraye, auec*

con diuerfas calidades.

538 Ni fon todas las edades,
difpueftas à vn exercicio.

539 Ni tiene mas propio vicio
el viejo, que la codicia.

540 Ni mas loable auaticia,
que la del tiempo que corre.

541 Ni ay amigo que fe ahorre
con otro, en lo que es honor.

542 Ni falta jamas dolor,
de la herida del agrauio.

543 Ni comiença el hombre fabio,
fin gran confejo gran cofa.

544 Ni puede fer prouechofa,
reprehéfion en menofprecio.

545 Ni fe conoce el que es necio,
fiendo fuffido y callado.

des qualitez differentes.

538 Tous les aages ne font pas difpofez
à femblables exercices.

539 Le vieillard n'a point de vice, qui
lui foit plus particulier que l'a-
uarice.

540 Il n'y a pas d'auarice plus loüable,
que celle du temps qui court.

541 Il n'y a amy qui cedde à fon amy,
quand il y va de la reputation &
de l'honneur.

542 Iamais ne manque la douleur, de la
bleffure d'vne offence receuë.

543 L'homme fage n'entreprend pas vne
grande affaire, fans en auoir prins
vn bon confeil.

544 La reprehenfion ne peut eftre pro-
fitable, quand elle eft faicte par
mefpris.

545 L'on ne fçauroit recognoiftre fi vn
homme eft fot, quand il eft patient,
et parle peu.

546 Ni ay cauallo desbocado,
    como libertad de pobre.

547 Ni ay caudal que tanto fobre
    en todos, como es locura.

548 Ni fe mueftra la cordura
    del hombre, como en cafarfe.

549 Ni ay quien quiera adelantarfe,
    que obrando no fe aconfeje,

550 Ni rico gloton que dexe,
    por el precio el buen bocado,

551 Ni tiene en lo que es paffado,
    fortuna ningun poder,

552 Ni puede dexar de fer,
    lo que ya vna vez fe hizo,

553 Ni lo que mas fatisfizo,
    dexa luego de canfar.

554 Ni ay quie mas fe obligue a dar,
    que aquel que a dar començo.

546 Il n'y a point de cheual plus effre-
    né, que la liberté d'vn pauure.

547 Il n'y a bien dont tous les hommes
    ayent tant de refte, que de la folie.

548 *La fageffe de l'homme ne fe mon-*
    ftre en nulle autre action, tant
    comme en fe mariant.

549 Il n'y a perfonne qui defire s'ad-
    uancer, qui ne prenne confeil en
    fon affaire.

550 Il n'y a riche goulu qui quitte vn
    bon morceau, à quelque prix que
    ce foit.

551 *La fortune n'a aucune puiffance fur*
    le paffé.

552 *Cela qui s'eft fait vne fois, ne peut*
    qu'il n'ait efté fait.

553 Ce qui nous contente le plus ne laiffe
    pas de nous ennuyer incontinent.

554 *Perfonne ne s'oblige d'aduantage à*
    donner, que celui qui a commencé
    à faire du bien à quelqu'vn.

555 Ni el que mucho fe encerro,
    carece de vana gloria,

556 Ni ay folicita memoria,
    como del paffado bien.

557 Ni hazienda que de vn bayben
    de fortuna, no feacabe:

558 Ni ataja, el que mucho fabe,
    la palabra al que la dize,

559 Ni el que à todos contradize,
    dexa de fer enfadofo.

560 Ni merece el mentirofo,
    fo le crea fu verdad.

561 Ni ay guarda de antiguedad,
    como efcritura o mojon.

562 Ni obra con perfecion,
    de hombre inconfiderado.

563 Ni acierta el que es defdichado,
    en cofa que determina.

555 Celuy n'eft pas fans vaine gloire,
    qui fait beaucoup le retour
    l'homme de bien.

556 Il n'y a point de plus foucieufe fou-
    uenance, que du bien paffé.

557 Il n'y a richeffe fi grande, laquelle
    par vn accident de fortune ne fe
    perde.

558 Celuy qui eft fçauant, n'interrompt ia-
    mais le difcours à celui qui parle.

559 Celuy qui contredit à tous, ne laiffe
    d'eftre importun.

560 Le menteur ne merite pas que l'on
    lui adioufte foy, en difant la verite.

561 Il n'y à rien propre à conferuer l'an-
    tiquité, comme l'efcriture et les
    bornes.

562 Vn homme inconfideré ne fçauroit
    rien faire de parfait.

563 Celuy qui eft mal-heureux, iamais
    ne rencontre bien en chofe qu'il
    entreprenne.

564 Ni falta jamas mohina,
    a los que guftan de dalla.

565 Ni ay honra puefta en batalla,
    que no fea del vencedor.

566 Ni confuelo en el dolor,
    qual fer jufto el que padece.

567 Ni fe mira al que merece,
    quando algo quieren dar.

568 Ni efta lexos de negar,
    el que duda en refponder.

569 Ni ay cofa que à la muger,
    fea mas propia que el adorno.

570 Ni maldad como el foborno,
    pues da al jufto injufta muer-
    (te.

564 Il ne manque iamais de fâcherie, à
    ceux qui prennent plaifir d'en don-
    ner aux autres.

565 Il n'y aura honneur à gaigner en la
    bataille, qui ne foit attribué au
    vainqueur.

566 Il n'y a point de telle confolation
    en l'affliction, comme quand celuy
    qui l'endure eft homme de bien.

567 L'on ne prend garde à celuy qui
    merite, quand l'on a volonté de
    donner quelque chofe.

568 Celuy ne s'eflongne pas beaucoup
    du refus, lequel eft en doute s'il doit
    refpondre.

569 Il n'y a rien qui foit plus conuena-
    ble à la femme, que ce qui luy fert
    d'ornement.

570 Il n'y a point de mefchanceté plus
    grande que le fubornement, puis
    qu'il fait mourir iniuftement l'hô-
    me iufte.

571 Ni tenga por buena suerte,
    ser del mayor despreciado.

572 Ni por mal considerado,
    quiero me tenga el menor.

573 Ni podra el que es hablador,
    de ningun arte callar.

574 Ni ay porque desesperar
    de nada, mientras se viue.

575 Ni vicio que al que lo sigue,
    le falte alguna disculpa.

576 Ni es malo que a graue culpa,
    aya blanda reprehension.

577 Ni haze poco el que a razon,
    sugeta su atreuimiento.

578 Ni ay hombre que el sufrimiéto,
    no le sea muy necessario.

579 Ni el peligro voluntario,
    haze la vida segura.

571 Ie ne tiens pas pour bonne fortune,
    d'estre mesprisé du plus grand.

572 Ie ne desire pas que le moindre du
    monde, me tienne pour vn fol ou
    maladuisé.

573 Le grand bauard ne se peut taire,
    en aucune maniere.

574 Il ne faut se desesperer de rien, tan-
    dis que l'on est au monde.

575 Celuy qui est enclin à quelque vice,
    n'a iamais faute d'excuse pour se
    deffendre.

576 Ce n'est mal fait d'vser d'vne dou-
    ce reprehensió, à vne lourde faute.

577 Celuy ne fait pas peu, qui soubmet
    son courage & hardiesse à la
    raison.

578 Il n'y a personne à qui la patience
    ne soit fort necessaire.

579 Le danger auquel volontairement
    l'on s'expose, ne rend pas la vie as-
    seuree.

880 Ni con quien no se auentura,
es fortuna liberal.
581 Ni si el daño es general,
toca llorarle al mas chico.

582 Ni ay pobre que no sea rico,
si lo que tiene le basta.
583 Ni se cobra si se gasta,
la verguença, ni la fama.

584 Ni al que espera, ni al que ama,
se deue en todo creer.

585 Ni puede permanecer,
el hombre de mal viuir.
586 Ni es poco saber sufrir,
lo que escusar no se puede,
587 Ni miedo de que no quede,
en el rostro alteracion.

588 Ni es bien que la execucion,
sea primero que el consejo.

580 *La fortune n'est fauorable à celuy qui ne se hazarde point.*
581 *Si la perte est generalle, il n'appartient pas seulement au plus petit de la pleurer.*
582 *Il n'y à point de pauure qui ne soit riche, si ce qu'il possede luy suffit.*
583 *La honte ni la reputation, quand elles sont une fois perduës, ne se recouurent iamais.*
584 *Il ne faut pas du tout croire à celui qui espere ou attend, ni à celui qui ayme.*
585 *L'homme de mauuaise vie, ne peut longuement subsister.*
586 *Ce n'est pas peu de sçauoir souffrir patiemment, ce qui ne se peut euiter.*
587 *Il n'y a point de crainte au dedans, dont il ne reste quelque marque au visage.*
588 *Il n'est pas bon que l'execution soit premiere que le conseil.*

589 Ni es facil al que ya es viejo,
aprender nueuo lenguaje.

590 Ni el demasiado coraje,
dexa à la razon obrar.

591 Ni se puede bien hablar,
sin conjugacion secreta.

592 Ni ay muger que si es sujeta,
no se haga muy amable.

593 Ni puede ser muy durable,
la forçada possession.

594 Ni haze bueno la opinion,
al que de si no lo es.

595 Ni se vençe el interes,
sino huyendole la cara,

596 Ni suele mostrarse auara
fortuna, al que es diligente.

597 Ni la virtud del presente,

589 Ce n'est pas chose facile à celuy qui
est ja vieil, d'apprendre vn nouueau
langage.

590 Vne cholere desmesurée, ne permet
à la raison de faire son office.

591 Il n'est pas possible de parler bien à
propos, sans vne secrette coniugai-
son, id est, sans l'auoir premedité.

592 Il n'y a point de femme qui ne se
rende aymable, quand elle s'assuie-
tit à la volonté du mary.

593 La possession forcée, ne peut estre
de longue durée.

594 L'opinion ne rend pas homme de
bien, celuy qui de luy-mesme ne
l'est pas.

595 L'auarice ne se peut vaincre, sinon
en luy tournant le dos.

596 La fortune n'a pas accoustumé de
se monstrer auare, à celuy qui est
soigneux & diligent.

597 La vertu de celuy qui est present,

606 Ni el que su pecho descubre,
　　dexara de arrepentirse.

607 Ni aura quien sepa medirse,
　　con aficion y cordura.
608 Ni difiere la locura
　　de la ira, sino en nombre.
609 Ni ay cosa mas propia al hôbre,
　　que es inquirir la verdad.
610 Ni amistad ni enemistad,
　　con firmeza en verdes años.
611 Ni estratagemas ni engaños,
　　sin ventura, es renta cierta.

612 Ni aura hombre à cuya puerta,
　　fortuna no aya llamado.
613 Ni consejo acelerado,
　　que todas vezes acierte.
614 Ni quien siga hasta la muerte
　　a su dueño, come el perro.
615 Ni el que no conoce el yerro,
　　puede sufrir reprehension.

606 Celui qui descouure son cœur, c'est
　　à dire son secret, ne laissera pas de
　　s'en repentir.
607 Il n'y a personne qui sçache se me-
　　surer, auec affection et sagesse.
608 L'ire et la folie ne different seu-
　　lement que de nom.
609 Il n'y a chose plus propre à l'hom-
　　me que de s'enquerir de la verité.
610 Il n'y a point d'amitié et d'inimi-
　　tié auec fermeté és vertes annees.
611 Les stratagemes et tromperies ne
　　sont pas rêtes bien asseurées, si elles
　　ne sont accompagnées du bon-heur.
612 Il n'y aura personne à la porte de
　　qui la fortune n'ait frappé.
613 Vn conseil precipité ne succede pas
　　tousiours bien.
614 Personne ne suit son maistre ius-
　　ques à la mort, comme fait le chien.
615 Celuy qui ne recognoist sa faute, ne
　　peut supporter la reprehension.

616 Ni fuele fer la opinion,
todas vezes verdadera.
617 Ni es el dia que fe efpera,
forçofamente mejor.
618 Ni amor fuerças y valor,
fe mueftran do no ay contrafte.

619 Ni es razon que nadie gafte
fu haziénda, con poquedad.

620 Ni con prodigalidad,
la derrame y defperdicie.
621 Ni que ninguno codicie,
fin moderacion ni tafla.
622 Ni pienfa el que labra cafa,
que ha de fer fu vida corta.

623 Ni mira quanto le importa,
cada qual faber viuir.

624 Ni fe deuen diferir,
las cofas para mañana.

625 Ni

616 L'opinion n'a pas accoustumé d'e-
ftre toufiours veritable.
617 Le iour que l'on attend, ne fera pas
par force meilleur.
618 L'amour, les forces et le courage,
ne fe font recognoiftre, finon ou il
y a de la refiftance.
619 Il n'eft pas raifonnable, que perfonne defpenfe fes moyens taquine-
ment.
620 Ni qu'auec prodigalité l'on les ref-
pande et gaffille.
621 Il n'eft pas raifon que quelqu'vn fou-
haitte, fans moderation ni mefure.
622 Celuy qui baftit vne maifon, ne
penfe pas que fa vie doibue eftre
courte.
623 Chacun ne prend pas garde, combien il importe de fçauoir que c'eft
que de viure.
624 L'on ne doit pas differer les affaires iufques au lendemain.

M

625 Ni aunque as ſabroſa, es muy
la ſalſa del murmurar. (ſana

626 Ni el que es facil en llorar,
tendra dificil conſuelo.

627 Ni es malo tener rezelo,
para no ſer ſalteado.

628 Ni puede el que no es vſado
en la obra, ſer muy dieſtro.

629 Ni ſalir grande maeſtro,
quien ſe da al vicio y oluido.

630 Ni lo que mucho ha ſubido.
me eſpantara ſi cayere.

631 Ni el que buena obra çahiere,
eſtà lexos de pedirla.

632 Ni ay razon que el repetirla,
ſin cauſa graue ſe pueda.

633 Ni que ninguno conceda,

625 *La ſaulſe du murmure encores qu'elle ſoit agreable, elle n'eſt pas toutesfois ſaine.*

626 *Celuy qui pleure aiſement, n'eſt pas difficile à conſoler.*

627 *Il n'eſt pas mauuais de ſe donner de garde, de peur d'eſtre volé.*

628 *Celuy qui n'eſt pas experimenté en quelque affaire, ne peut y eſtre beaucoup habile.*

629 *Celuy ne peut deuenir grand maiſtre, qui s'addonne au vice & à l'oubly.*

630 *Celuy qui eſt monté bien haut, ne m'eſtonnera pas s'il vient à tõber.*

631 *Celuy qui reproche quelque bienfait, ne s'eſlongne pas de demander la pareille.*

632 *Il n'y a point d'apparence de repeter deux fois vne choſe, ſans grande occaſion.*

633 *Il ne faut pas que perſonne promet-*

lo que nó piensa cumplir.

634 Ni he visto restituyr
lo que se vsurpa, si es grande.

635 Ni quien con perdidos ande,
que al fin perdido nó sea.

636 Ni se estima la presea,
si no ay pocas como ella.

637 Ni ay caudal que a la donzella,
yguale el ser vergonçosa.

638 Ni ay vida mas deleytosa,
que el estudio en cosas varias.

639 Ni con costumbres contrarias,
el amistad se conserua.

640 Ni haze poco el que reserua
su mal viuir, de testigo.

641 Ni se muestra el cierto amigo,
sino en el negocio incierto.

642 Ni el gastador sin concierto.
se tiene por liberal.

te, ce qu'il ne pense pas accomplir.

634 Je n'ay iamais veu restituer ce qui
est vsurpé, si c'est quelque chose
de grand.

635 Celuy qui hante auec les perdus &
desbauchez, se perd enfin comme
les autres.

636 La bague n'est pas estimee, sinon
qu'il y en ait peu de semblables.

637 Il n'y a richesse pareille pour vne
fille, comme d'estre vergongneuse.

638 Il n'y a point de vie plus delectable,
que l'estude de diuerses matieres.

639 L'amitié ne se conserue pas, quand
il se rencontre vne contrarieté
d'humeurs.

640 Celuy ne fait pas peu, qui n'a point
de tesmoins de sa mauuaise vie.

641 L'amy certain ne se monstre, sinon
en chose incertaine.

642 Le despensier desreglé ne sera re-
puté liberal.

643 Ni el credito es mal caudal,
para engañar y mentir.

644 Ni es tardo en el acudir,
el vulgo con la opinion.

645 Ni tiene en su defenfion,
el viejo fino la lengua.

646 Ni fuele fer poca mengua,
dar credito al nouelero.

647 Ni el defcuydado guerrero,
puede ganar grande emprefa.

648 Ni ay verdad aúque eftè oprefa,
que en fu oprefion no refpire.

649 Ni bien comun que fe mire,
ni como el propio fe zele.

650 Ni quien mucho fe recele,
que aya limpieza en fu vida.

651 Ni ay cofa tan bien fingida,

643 *Le credit n'eft pas un mauuais
moyen, pour tromper & pour
mentir.*

644 *Le peuple fe laiffe aifément per-
fuader, & eft de facile croyance.*

645 *Le vieillard n'a rien pour fa deffen-
fe que la langue.*

646 *Ce n'eft pas petite faute d'adioufter
foy à vn conteur de nouuelles &
de fables.*

647 *Vn foldat negligent ne viendra
pas à bout d'vne grande entreprife.*

648 *Il n'y a point de verité, bien qu'elle
foit oppreffee, qui ne refpire en fon
oppreffion.*

649 *Il n'y a bien public auquel l'on prê-
ne garde de fi pres, & où l'on fe
paffionne comme en fon propre intereft.*

650 *Il n'y a homme qui viue en grande
crainte, qui foit net en fes actions.*

651 *Il n'y a rien fi bien diffimulé, qui*

que el tiempo no, la defcubra,
652 Ni es razon que nadie encubra
agena vellaqueria.
653 Ni el que viue, açetaria
la vida, fi la entendieffe.

654 Ni hurtaria fi fupieffe
quan poco luze lo ageno.

655 Ni el que eftriba en lo terreno,
carece de grande mengua.

656 Ni es todas vezes la lengua,
capaz de darfe a entender.
657 Ni bafta humano poder,
contra vn odio general.

658 Ni es todas vezes el mal,
malo para nueftro auifo.

659 Ni fe puede de vn Narcifo,
qualquier negocio fiar.

auec le temps ne fe defcouure.
652 *Il n'eft pas raifonnable de cacher la*
poltronnerie d'autrui.
653 *Celuy qui vit au monde n'accepte-*
roit la vie, s'il fçauoit que c'eft que
de viure.
654 *Si le larron fçauoit combien peu*
profite le bien d'autrui, il ne s'a-
muferoit à defrober.
655 *Celuy qui s'affeure trop fur le mon-*
de, ne laiffe pas de faillir lour-
dement.
656 *La langue n'eft pas toufiours capa-*
ble de fe faire entendre.
657 *L'humaine puiffance n'eft fuffifan-*
te de pouuoir refifter à l'inimitié
de tous.
658 *Le mal n'eft pas toufiours mauuais,*
puis qu'il nous fert d'aduertiffe-
ment pour nous corriger.
659 *L'on ne peut pas fe fier à vn Nar-*
ciffe de toutes affaires.

660 Ni es conueniente trocar
    freno, ni a bestias de carga.

661 Ni se descarga el que carga,
    en ombros de otro su cargo.

662 Ni es justo el cargo, ò descargo,
    que es solo por la opinion.

663 Ni ay buena conuersacion,
    que no deleyte el sentido.

664 Ni plazo menos sabido,
    ni mas cierto que la muerte.

665 Ni muger, ni plaça fuerte,
    si se puede combatir.

666 Ni es poco saber huyr,
    del amigo sospechoso.

667 Ni ay quien se llame dichoso,
    que no llame à la desdicha.

668 Ni es gracia la mas bien dicha,
    si de nouedad carece.

669 Ni la honra permanece,
    si se gana por mal medio.

660 Il n'est pas raisonnable de changer
    de mords, non pas mesme aux be-
    stes de charge.

661 Celuy ne se descharge de son faix,
    qui le remet sur les espaules d'autrui.

662 La charge ou la descharge n'est iu-
    ste, qui n'est que par opinion.

663 Il n'y a point de bonne compagnie
    qui ne resiouisse nos sens.

664 Il n'est rien si certain que la mort,
    ni rien de si incertain que son heure.

665 Il n'y a femme ni place forte, si
    l'on peut leur donner assaut.

666 Ce n'est peu de sçauoir euiter vn
    amy suspect.

667 Il n'y a personne qui se tienne pour
    heureux, qui n'appelle le malheur.

668 Les plaisanteries les mieux dictes,
    ne sont estimees telles, si elles man-
    quent de mots nouueaux.

669 La gloire ne sera de duree, qui s'a-
    quiert par de mauuais moyens.

670 Ni ay trabajo sin remedio,
    al que le espera, o procura.

671 Ni assiste mucho ventura,
    en la casa del que es necio.

672 Ni la virtud tiene precio,
    si della propia no sale.
673 Ni es bien que digan que vale
    tanto el hombre, quanto tiene.

674 Ni que ninguno condene
    por misero, al concertado.
675 Ni ay hombre tan recatado,
    qual conuiene en el hablar.

676 Ni puede mucho ganar
    ninguno, sin que otro pierda.
677 Ni he visto muger tan cuerda,
    que le ofenda el ser querida
678 Ni ay materia tan sabida,
    que no se pueda arguyr.

670 Il n'y a pas de trauail sans remede,
    à celuy qui l'espere, ou qui le re-
    cherche.

671 *La bonne fortune ne fait beaucoup*
    de demeure, en la maison du mal-
    aduisé.

672 *La vertu n'est point estimee, si son*
    pris ne prouient d'elle-mesme.
673 *C'est mal parler de dire qu'un*
    homme vaut autant, qu'il possede
    de biens.

674 *Il ne faut pas iuger pour mesquin*
    ou chiche, celuy qui vit de mesnage.
675 *Il n'y a homme prudent & aduisé*
    en ses paroles, comme il est con-
    uenable.

676 *Nul ne peut beaucoup gaigner, que*
    l'autre ne perde quelque chose.
677 *Ie n'ay iamais veu femme si sage,*
    qu'elle s'offençast d'estre aymee.
678 *Il n'y a nulle matiere si congneuë,*
    qui ne se puisse disputer.

679 Ni acredita, el diferir
   las pagas , al mercader.

680 Ni tanto se ha de comer,
   que las fuerças nos ahogue.
681 Ni obligar a que desfogue,
   el colerico ofendido.

681 Ni el que se vee perseguido,
   esta lexos de ser loco.
682 Ni sufre mucho ni poco
   el animo apassionado.
684 Ni ay moço desuergonçado,
   que en el hablar mucho dude.
685 Ni aurà enxerto que no mude,
   en algo su natural.
686 Ni abraço mas desleal,
   que del pulpo, o salteador.

687 Ni es de los daños menor,
   la condicion maliciosa.

679 *La remise de payer ses debtes, ne*
   conserue pas le credit au mar-
   chand.
680 *Il ne faut pas tant manger , que cela*
   nous suffoque les forces.
681 *Il ne faut pas obliger vn homme*
   colere qui est offencé, à descharger
   son feu.
682 *Celuy qui se voit persecuté, n'est pas*
   loin ne deuenir fol.
683 *Vn esprit passionné ne peut souf-*
   frir ni peu ni prou.
684 *Vn ieune effronté, ne pense pas*
   beaucoup à ce qu'il dit.
685 *Il n'y aura point d'ente qui ne chan-*
   ge quelque peu son naturel.
686 *Il n'y a point de plus desloyal em-*
   brassement, que du poulpe & du
   voleur.
687 *L'humeur malicieuse, n'est pas vn*
   des moindres dommages qui puis-
   se estre.

688 Ni ay cofa mas poderofa,
   que interes y autoridad.
689 Ni deteftable maldad,
   como vender al amigo.
690 Ni del que ha fido enemigo,
   fe fie cofa que importe.

691 Ni del puro hombre de Corte,
   affegurar lo que dize.

692 Ni fera el que contradize,
   acepto en conuerfacion.
693 Ni ay ley con execucion,
   quando la guerra es trauada.

694 Ni puede fortuna nada,
   contra fuerça virtuofa.
695 Ni entre gente fofpechofa,
   tengo por bueno el viuir.

696 Ni es dificil de fufrir,
   el trabajo que es honrofo.

697 Ni

688 Il n'y a rien de fi puiffant que l'in
   refté et l'authorité.
689 Il n'y a malice fi deteftable, que ve
   dre & trahir fon amy.
690 Il ne fe faut fier de chofe qui fo
   d'importance, à celuy qui a efté no
   ftre ennemy.
691 Il ne faut s'affeurer à la parole, a
   celuy qui eft vrayement homm
   de Cour.
692 Celui qui contredit aux autres, n'e
   pas agreable en compagnie.
693 Il n'y a point de loy qui puiffe s'ob.
   feruer, quand la guerre eft com-
   mencee.
694 La fortune ne peut rien contre une
   force vertueufe.
695 Ie ne tiens pas qu'il foit bon, de de-
   demeurer entre des perfonnes
   fufpectes.
696 Il eft bien aifé de fouffrir le trauail
   qui eft honorable.

N

697 Ni tiene el que es mas dichoso,
    bien feguro mientras viue.

698 Ni es jufto que nadie eftriue,
    en el dicho de vn teftigo.

699 Ni en la prueua del amigo,
    quando fortuna es ygual.

700 Ni fe fiente tanto el mal,
    que primero fe temio.

701 Ni el que de fi mucho hablo,
    dexa de fer ignorante.

702 Ni el que es vano y arrogante,
    fabe de fi que fe hazer.

703 Ni vn reciproco querer,
    fe deue a nadie negar.

704 Ni puede en todo imitar,
    el arte a naturaleza.

705 Ni es difcrecion y agudeza,
    ygual en todos fujetos.

706 Ni ay quien dome fus afectos,

697 *Celuy qui eft le plus heureux, n'a
    aucun bien affeuré, pendant qu'il
    vit.*

698 *Il n'eft raifonnable que perfonne
    s'arrefte à la depofition d'vn feul
    tefmoin.*

699 *Ni en la preuue d'vn amy, quand
    la fortune eft efgale.*

700 *Le mal n'eft fi fenfible, quand il a
    efté premierement redouté.*

701 *Celuy qui parle beaucoup de foy, ne
    laiffe pas d'eftre ignorant.*

702 *Celui qui eft vain & arrogant, ne
    fçait pas ce qu'il doit faire de foy-
    mefme.*

703 *Vne amitié reciproque ne fe doit
    refufer à perfonne.*

704 *L'art ne peut de tout poinct imiter
    la nature.*

705 *La difcretion & fubtilité, n'eft pas
    efgale en toutes fortes de fubiets.*

706 *Perfonne ne maiftrife fes paffions,*

sin virtud muy confirmada.
707 Ni vi carga mas pesada,
que aquella que trae el ruego.
708 Ni puede estar el sossiego,
con la felice memoria.
709 Ni gozar bien de su gloria,
ninguno con soledad.
710 Ni la mucha calidad
luze, donde no ay hazienda.
711 Ni se comiença la emienda,
sin conocer el error.
712 Ni ay salsa que dè sabor
al manjar, como la hambre.

713 Ni la artificiosa enxambre,
puede sin flor sacar fruto,
714 Ni librarse el mas astuto,
en este tiempo de engaños.

715 Ni sabe nadie los daños
que encubre vna alegre boda.
716 Ni haze mal quien se acomoda,

sans vne vertu bien confirmee.
707 Je n'ay veu charge plus pesante,
que celle que la priere apporte.
708 Le repos d'esprit ne peut estre auec
l'heureuse memoire.
709 Personne ne peut iouir entierement
de sa gloire auec solitude.
710 La grande qualité perd son lustre,
là ou il n'y a point de moyens.
711 La correction ne se commence pas,
sans auoir recogneu la faute.
712 Il n'y a point de saulse qui donne
meilleur goust au manger, que la
faim: il n'est saulse que d'appetit.
713 Les industrieuses abeilles, sans les
fleurs ne peuuent faire fruict.
714 En ceste saison de tromperie, le
plus aduisé ne s'en peut pas exempter.
715 Personne ne sçait les dommages,
qu'vne nopce ioyeuse tiét couuers
716 Celui-là ne fait pas mal qui s'acco-

segun que corre la Era.

717 Ni el hazerse hombre de cera,
es poca curiosidad.

718 Ni ay fin propio de amistad,
como el hazer de dos vno.

719 Ni labrador importuno,
que no negocie, o conuença,

720 Ni cosa que no la vença
el hombre, tarde o temprano:

721 Ni es bien se ayude al tirano,
porque se suelen pagar.

722 Ni puede el rico passar,
sin ser del pobre embidiado.

723 Ni ay quien sea desdichado,
hasta el fin de la jornada.

724 Ni despensa assegurada,
tanto como lo es la plaça.

725 Ni exercicio qual la caça,

mode au temps qui court,

717 Ce n'est pas petite curiosité, de se
faire homme de cire, c'est à dire, se rendre
souple et perceptible de tout.

718 Il n'y a rien conuenable à l'amitié,
comme de deux en faire vn.

719 Il n'y a point de laboureur vigilant
et actif, qui ne face son affaire,
et n'en vienne à bout.

720 Il n'y a chose dôt l'homme ne vienne
à bout, soit tost ou tard.

721 Ce n'est pas bien fait d'ayder au tyrã,
parce que l'on en reçoit le payement
tel que l'on merite.

722 Il ne se peut faire, que le riche ne
soit enuié du pauure.

723 Il n'y a personne qui soit mal-heureux,
iusqu'à la fin de la iournee.

724 Il n'y a celier ou despense si bien
garnie et asseuree, que la place
publique et le marché.

725 Il n'y a exercice, tel que la chasse,

para el arte militar.

726 Ni ay razon como callar,
　　entre gente maliciosa.

727 Ni muger que de en graciosa,
　　que lo sea qual conuiene.

728 Ni pienso que a nadie viene
　　daño, que sufrir no pueda.

729 Ni fortuna que esté queda,
　　quando llega a estar muy alta.

730 Ni puede auer cosa falta,
　　donde ay dicha y diligencia.

731 Ni hombre con esperiencia,
　　que el peligro no tezele.

732 Ni es mucho que al que le duele
　　pida el dudoso fauor.

733 Ni es menester gran primor,
　　para aprender a matar.

pour ceux qui suiuent l'art mili-
taire.

726 Il n'y a telle raison que de se taire,
　　entre gens malicieux.

727 La femme qui fait la plaisante,
　　n'est iamais telle qu'elle doit estre.

728 Ie ne pense pas qu'il arriue à per-
　　sonne, plus de mal qu'il n'en peut
　　supporter.

729 La fortune n'est iamais arréstee,
　　quand elle vient à estre beaucoup
　　esleuee.

730 Où il y a du bonheur et de la di-
　　ligence, nulle chose ne peut man-
　　quer.

731 Il n'y a point d'homme experimen-
　　té, qui ne redoute le danger.

732 Ce n'est pas grand merueille à celuy,
　　qui est affligé, de demander vne
　　faueur incertaine.

733 Il n'est pas besoin de grande finesse,
　　pour apprendre à tuer.

734 Ni ay deſſeo de acertar,
que no buſque à la razon.

735 Ni quien haga admiracion
de todo, que ſea diſcreto.

736 Ni el bueno buſca el ſecreto,
ſino aquello que es mas juſto,

737 Ni ay hombre que téga el guſto,
à todas horas templado,

738 Ni vi couarde arriſcado,
ſino con fuerça de amor.

739 Ni el demaſiado rigor,
conſerua al Rey, ni al tirano.

740 Ni el alçarſe hombre à ſu mano,
es pequeña habilidad.

741 Ni prueua mal ſu bondad,
el que al malo deſagrada.

734 Il n'y a celuy qui deſire de bien aſſe-
uer ou de frapper au but, qui ne
viſe à la raiſon.

735 Celuy qui entre en admiration de
toutes choſes, ne ſera iamais diſcret.

736 L'homme de bien ne cherche le ſe-
cret, mais il cherche ce qui eſt plus
iuſte.

737 Il n'y a homme qui ait le gouſt bien
temperé à toutes heures, c'eſt à dire qui ſoit touſiours en bonne humeur.

738 Ie n'ay point veu vn couard s'aduan-
turer, ſinô par la force de l'amour.

739 L'extreme rigueur ne conſerue le
Roy ni le tyran.

740 Ce n'eſt pas petite habileté, que de
ſe reuolter contre ſa propre volonté & paſſion.

741 Ce n'eſt pas vne mauuaiſe preuue
de boté, que de deſplaire aux meſ-
chans.

742 Ni sirue el consejo nada,
   contra vna fortuna loca.
743 Ni es discreto el que se apoca,
   delante el que ha menester.

744 Ni es malo saber hazer,
   quádo importa, el juego maña.

745 Ni ay prouincia tan estraña,
   donde el sabio no se halle.
746 Ni pecado que en la calle,
   no sea mas escandalofo.

747 Ni vi hombre venturoso,
   despues de allegado a viejo.

748 Ni quien destruya vn consejo,
   como la priessa, y la ira.

749 Ni el que sustenta mentira,
   puede en ella reprehender.

742 Le conseil ne sert de rien, contre
   vne fortune folle.
743 Celuy n'est pas bien aduisé, qui s'ab-
   baisse trop deuant celuy dont il a
   besoin.
744 Ce n'est pas mal-fait en affaire
   d'importance, la prolonger, quand
   on recognoist auoir mauuaise
   cause.
745 Il n'y a prouince si estrange ou l'hô-
   me sage ne se trouue bien.
746 Il n'y a peché qui estant commis en
   public, ne soit rendu plus scan-
   daleux.
47 Ie n'ay point veu d'homme heureux, depuis qu'il est paruenu en
   vieillesse.
48 Il n'y a rien qui ruine tant vn bon
   conseil, comme la precipitation
   et la colere.
49 Celui qui souftict vn mensonge, ne
   peur reprendre vn autre qui ment.

750 Ni el maeftro ha de tener
     vicios, ni menos fufrillos.

751 Ni ay cuydados mas fencillos,
     que fon los del hombre jufto.

752 Ni puede viuir con gufto,
     quien tiene ruyn compañia.

753 Ni ay prenda de mas valia,
     que el amigo, fi es perfeto.

754 Ni gufto para el difcreto,
     como el proprio imaginar.

755 Ni quien fe efcufe de errar,
     fi no huye la ocafion.

756 Ni dura ciega afidion,
     en hombre muy ocupado.

757 Ni fe eftima lo heredado,
     tanto como lo adquerido.

750 *Le maiftre ne doit auoir en lui au-*
     cuns vices, & moins encor les
     fupporter.

751 *Il n'y á point de foings plus fince-*
     res, que ceux de l'homme iufte.

752 *Celui ne peut viure auec contente-*
     ment, qui hante mauuaife com-
     pagnie.

753 *Il n'y a point d'arres ou gaiges de*
     plus grande valeur, qu'vn amy,
     quand il eft parfait.

754 *Il n'y a rien dont l'homme fage re-*
     çoiue tant de contentement, comme
     de fa propre imagination.

755 *Perfonne ne peut s'exempter de pe-*
     cher, s'il n'en fuit l'occafion.

756 *L'affection ou l'amour aueugle ne*
     dure pas, en la perfonne de celui qui
     eft fort occupé en affaires.

757 *Les biens qui viennent de fuccef-*
     fion, ne font pas eftimez, comme
     ceux qui s'aquierent par trauail.

758 Ni ay caſa de hombre perdido,
donde el vicio no apoſente.

759 Ni faltara inconueniente,
en qualquier mudança de vſo.

760 Ni ocaſion de eſtar confuſo,
el que a ſu dueño ha ofendido.

761 Ni al que no ha de ſer creydo,
la eſta bien querer hablar.

762 Ni ay quien pueda exagerar,
lo que es vna gran deſdicha.

763 Ni puede auer mayor dicha,
que tener buena opinion.

764 Ni falta engaño y ficcion,
ſino ſolo en el morir.

765 Ni para honeſto viuir,
es meneſter gran eſtado.

766 Ni ay fruta de arbol vedado,
que n

758 Il n'y a maiſon d'homme de m
uaiſe vie, qui ne ſerue de retrai
au vice.

759 Il ne manquera iamais de quelq
inconuenient, arriuant mutatio
de quelque couſtume, telle qu'ell
puiſſe eſtre.

760 Celuy qui a offencé ſon maiſtre, ne
manquera iamais de ſubiect d'e
ſtre confus.

761 A celà qui ne ſera pas creu, il ne
luy ſied pas bien de vouloir parler.

762 L'on ne ſçauroit faire vn grand
malheur plus grand qu'il eſt.

763 Il n'y a point de plus grand heur,
que d'auoir vne bonne reputation.

764 En toutes choſes il n'y a manque
de tromperie ni de feintiſe, fors
ſeulement qu'en la mort.

765 Pour honneſtement viure l'on n'a
pas beſoin de grands moyens.

766 Il n'y a point de fr

que no digan que es sabrosa.

767 Ni tan aprouada cosa,
que de todos sea admitida.

768 Ni es poco acabar la vida,
antes que el viuir se acabe.

769 Ni amistad que no destrabe,
vn interes, o pendencia,

770 Ni ay mas importante herencia,
que la virtud del mayor.

771 Ni dio seral que es señor,
la sangre sino ventura.

772 Ni aquel que no se auentura,
puede perder ni ganar.

773 Ni al que se escapa del mar,
alegra poco la tierra.

774 Ni es bien se comience guerra,
sin gran caudal y ocasion.

bre deffendu, que l'on ne dise qu'il
est fort sauoureux.

767 Il n'y a chose si bien approuuee, qui
soit admise & agreable a vn
chacun.

768 Ce n'est pas peu d'acheuer sa vie,
auant que les viures nous man-
quent.

769 Il n'y a amitié qu'vn interest ou
querelle ne defface.

770 Il n'y a point de plus importante
heredité, que la vertu de nos an-
cestres.

771 L'extraction & la race ne donne
pas l'estre à celuy qui est grand,
mais bien l'aduenture.

772 Celuy qui ne s'aduenture point, ne
peut ni perdre, ni gaigner.

773 A celuy qui eschappe du naufra-
ge, la terre n'est pas peu agreable.

774 Il n'est pas à propos de commencer
la guerre, sans beaucoup d'argent.

... _ejanos._

775 Ni ay lagrimas sin razon,
que no se aumenten con ella

776 Ni peligrosa centella,
como la guerra trauada.

777 Ni cosa mas estimada,
que la que trabajo cuesta.

778 Ni estorua blanda respuesta,
que se execute el rigor.

779 Ni muestra tener valor,
quien desmaya en lo que empieça.

780 Ni nos dio naturaleza,
muerte, o nacer desygual.

781 Ni en el viuir ay mas mal,
que la cargada conciencia.

782 Ni ay honra en vna pendencia,
si no la tiene el contrario.

Le Desabus des Courtisans.

Et sans grande occasion.

775 Il n'y a point de larmes iettees
raison, que lors qu'il y en a, el
ne s'augmentent

776 Il n'y a point de dangereuse estin
celle, comme est la guerre encom-
mencee.

777 Il n'y a point de chose plus estimee,
que celle qui couste du trauail.

778 La doute résponce n'empesche pas,
que la rigueur ne s'execute.

779 Celuy ne resmoigne pas auoir du
courage, qui le perd dés le com-
mencement de son entreprise.

780 La nature ne nous a donné le nai-
stre, ou mourir different.

781 En la vie de l'homme il n'y a point
du plus grand mal, que la consciěce
chargee de quelque offense.

782 Il n'y a point d'honneur, d'auoir
querelle auec

783 Ni indignar al aduersario,
　　quando el puede, es acertado.
784 Ni ay temor del mal passado,
　　sino que otro nò se ofrezca.

785 Ni quien ame, o aborrezca,
　　sin medio, si no es muger.

786 Ni es a todos el leer,
　　ygualmente prouechoso.
787 Ni aura cuydado enfadoso,
　　que otros no llamè Cortes.

788 Ni ay espada de dos cortes,
　　que obre como la prudencia.

789 Ni mas antigua pendencia,
　　que la del pobre y del rico.

790 Ni grande que no sea chico,
　　si el chico no le socorre,
791 Ni rico que mucho ahorre.

783 Ce n'est pas bien fait d'irriter son
　　ennemy, quand il a de la puissāce.
784 L'on n'a point de crainte du mal
　　passé, sinon qu'il s'en presente
　　quelque autre de nouueau.

785 Il n'y a personne qui ayme ou hais-
　　se sans garder la mediocrité, si ce
　　n'est la femme.

786 La lecture n'est esgalement profita-
　　ble à tous.

787 Il n'y aura souci ennuyeux, qui
　　n'en appelle d'autres, & ne les
　　conuoque à ses estats.

788 Il n'y a espee à deux trenchans, qui
　　face autant d'execution, que la
　　prudence.

789 Il n'y a point de plus ancienne que-
　　relle, que celle du pauure & du
　　riche.

790 Il n'y a grand qui ne soit petit, si le
　　petit ne le secoure.

791 Il n'y a riche qui espargne beaucoup

que no fea aborrecido.

792 Ni beneficio perdido,
que el gran fiador no le pague,

793 Ni aura Sirena que halague,
fino es para mas dañar.

794 Ni es tan malo el resbalar,
del pie, como de la lengua.

795 Ni ay mayor falta ni mengua,
que de quien trate verdad.

796 Ni viene vna tempestad,
fin que primero amenaze.

797 Ni es todos lo que fe haze,
acepto al vulgo embidiofo.

798 Ni acaba el que es temerofo,
de poner nada en efeto.

799 Ni ay hombre tan fin defeto,
que fu cenfor no le halle.

800 Ni el ofendido, aunque calle,
es vifto auer perdonado.

qui ne foit fort odieux.

792 Il n'y a point de bien-faict perdu,
que Dieu qui est le grand pleige des
bons, ne paye d'vne recompenfe.

793 Il n'y aura Sirene qui careffe, finon pour nuire d'auantage.

794 Il n'eft pas fi dangereux de gliffer
du pied, comme de la langue.

795 Le monde n'a point plus grande di-
fette, que de gens qui difent verité.

796 La tempefte ne vient pas, fans que
premierement elle ait menacé.

797 Tout ce que l'on faict, n'eft pas
agreable à la populaffe ennuyeufe.

798 Il n'arriue pas à l'homme craintif,
de pouuoir rien mettre à effet.

799 Il n'y a homme fi exempt de faults,
que celui qui le voudra cenfurer
n'y en trouue.

800 L'homme offencé (encor qu'il ne
dife mot, n'eft veu pourtant auoir
pardonné.

801 Ni es insufrible el cuydado,
quando se admita consuelo.

802 Ni acomete sin rezelo,
sino el hombre muy perdido.

803 Ni del que es aborrecido,
se puede dezir mas mal.

804 Ni ay vida de hombre mortal,
que no encierre vana gloria.

805 Ni mas loable memoria,
que la del bien recebido.

806 Ni mas apazible oluido,
que del bien que auemos Hecho

807 Ni hombre muy satisfecho,
que las mas vezes no yerre.

808 Ni aura ancora que afierre,
como vn necio en su porfia.

801 Le soucy n'est point insuppor-
pourueu qu'on y admette la co-
lation.

802 Nul n'entreprend quelque c
sans trainte, si ce n'est vn hom
du tour determiné est perdu.

803 Il ne se peut dire d'auantage
mal d'vn homme, que de dire qu
est hay.

804 Il n'y a homme au monde, qui n'a
en soy quelque vaine gloire.

805 Il n'y a point de plus loüable memoire, que celle du bien que l'on a receu.

806 Il n'y a point d'oubliance plus plaisante, que du bien que nous auons.

807 Il n'y a point d'homme qui face
fort le suffisant, qui le plus souuent
ne commette quelque faute.

808 Il n'y a point d'anchre qui accroche
& tienne plus ferme, que fait
vn fol en son opinion.

que el apafionado amor.
819 Ni para el que es hablador,
auia freno que le enfrene.
820 Ni faltara quien condene,
el medio de que diran.

821 Ni que el otro fea truhan,
por folo fer combidado.

822 Ni que efte el rico y honrado,
de la fortuna quexofo.

823 Ni que digan que ay repofo,
en quien bufca de comer.
824 Ni es vifto ningun plazer,
que dure fi quiera vna hora,
825 Ni ay trifteza que à deshora,
no le venga algun confuelo.

fe, que l'amour pafionné,
819 Il n'y auoit point de frein pour re-
frener le grand babillard.
820 Il n'y aura manque de perfonnes, qui
condamnent le moyen qui retient
de faire mal: Quand nous vfons de
ces mots: mais que dira-l'on, fi ie
faits cecy ou cela?
821 Il n'y a faute aufi de gens, qui blaf-
ment que quelqu'vn face le boufon
pour auoir vne repeuë franche, &
eftre prié à difner.
822 Ni qui ne trouuent mauuais qu'vn
homme riche & efleué aux hon-
neurs, fe plaigne de la fortune.
823 Ni qui difent que celui eft à repos,
qui va chercher à viure.
824 Il ne fe voit aucun plaifir, qui dure
tant feulement vne heure.
825 Il n'y a point de trifteffe, à laquelle
ne vienne quelque confolation, à
l'heure que l'on y penfe le moins.

834 Ni ay prudencia qual mostrarse,
   necio con el que lo es.

835 Ni auentajado interes,
   que premiara vn...

836 Ni aura fuerça que resista
   a la industria repetida.

837 Ni paciencia que offendida
   no turbe qualquier juyzio,

838 Ni mas...
   que la maquina del hombre.

839 Ni podra alcançar renombre,
   el que no osa auenturarse.

840 Ni el premio puede negarse,
   a la intención...

841 ni ... mas vidriosa
   como la mas confiada.

842 Ni puede ser bien casada,
   la que no tiene paciencia.

Le Defabus des Cortefans.

834 Il n'y a point de telle prudence, que
   faire le fol auec celuy qui l'est.

835 Il n'y a profit plus aduantageux,
   que de recompenser son histoire.

836 Il n'y aura forterresse qui puisse resister à l'industrie redoublée.

837 Il n'y a patience offencée, qui ne
   trouble quelque iugement, que ce
   soit.

838 Il n'y a point de disproportion plus
   legere... du corps...

839 ... ne pourra acquerir de la re-
   ... qui n'aura... de
   s'exposer aux hazards.

840 La recompense ne peut estre de-
   niee, à la... de quelque chose.

841 Il n'y a femme si... ... fra-
   gile que celle qui se pre-
   sume estre la plus honneste.

842 Celle là ne peut estre bien mariee,
   qui n'a point de patience.

843 Ni la poca diligencia,
    fuerça agena voluntad.

844 Ni riche necessidad,
    lo natural de fortuna.

845 Ni quando vienen a vna,
    dos males, pueden sufrirse.

846 Ni bien pueden auenirse,
    soberuia, fausto, y pobreza.

847 Ni suele ser la riqueza,
    dela virtud compañera.

848 Ni ay amistad verdadera,
    entre el rico, y el que es pobre.

849 Ni ay cuento que buelo sobre,
    como el que es menos creydo.

850 Ni se despeña el sentido,
    como con yra y furor.

851 ni haze bueno el honor,
    al que el miedo no haze bueno.

852 ni basta el trabajo ageno,
    para hazer al hombre sabio.

ij   P

843 Le peu de diligence ne force pas la
    volonté d'autrui.

844 Ce qui est naturel n'a pas besoin de
    la fortune.

845 Quand deux maux viennent à la
    fois, ils ne se peuuent supporter.

846 L'orgueil, le fast & la pauureté,
    ne s'accordent pas bien ensemble.

847 La vertu n'a pas accoustumé, d'e-
    stre compagne des richesses.

848 Il n'y a point de vraye amitié, en-
    tre le pauure & le riche.

849 Il n'y a point de bruit qui coure
    d'aduantage, que celuy qui est le
    moins creu.

850 Rien ne renuerse tant le sens de
    l'homme, come l'ire et la fureur.

851 Celuy que la crainte ne rend pas
    homme de bien, l'honneur n'aura
    pouuoir de le faire.

852 Le trauail d'autrui n'est pas bastant
    pour rendre vn homme sage.

P iij

853 Ni al que tuuo algun resabio,
le vi de todo emendarse.

854 Ni puede dissimularse,
el enfado de esperar.

855 Ni soy gual a el refrenar,
al preuenir de la ira.

856 Ni ay mas dañosa mentira,
que la aparente verdad.

857 Ni al que tiene voluntad,
le falta della exercicio.

858 Ni se cae el edificio,
sin auisar la cayda.

859 Ni ay mas repentina herida,
que del hombre para el hôbre.

860 Ni se puede ganar nombre,
sino es en guerra, ò en Corte.

861 Ni ay ingrato que no acorte,
la largueza al liberal.

Ie n'ay iamais veu s'amander entierement, vn qui a prins quelque
mauuaise habitude.

854 Le desplaisir d'attendre quelque
chose, ne se peut dissimuler.

855 Il n'y a point d'esgalité entre le re-
frener & le preuenir la colere.

856 Il n'y a point de plus dangereux
mensonge, que l'apparence de la
verité.

857 A celui qui a bonne volonté, ne
manque iamais l'exercice d'icelle.

858 L'edifice ne tombe pas, sans menace
de sa ruine auparauant.

859 Il n'y a point de plus prompte bles-
seure pour l'homme, que celle de
l'homme mesme.

860 L'on ne sçauroit acquerir de la reputation, qu'en la guerre, ou à la
Cour.

861 Il n'y a point d'ingrat qui n'accour-
cisse la largesse à l'homme liberal,

sin un continuo estudiar.
870 Ni se deue de rogar
   por lo que es facil de auer.
871 Ni es poco saber vencer,
   vn ignorante parlero.
872 Ni he visto gran cauallero,
   que no sea bien criado.
873 Ni se qual es mas culpado,
   quien no enseña, ò quien no aprende.
874 Ni acierta quien algo emprende,
   si executando es confuso.
875 Ni he visto letras sin vso,
   que valgan como esperiencia.
876 Ni sera mala eloquencia,
   la que al enemigo agrada.
877 Ni ay memoria exercitada,
   que en algo no se mejore.
878 Ni estoruo que no empeore,

vne continuelle estude.
870 L'on ne doit point vser de prieres
   pour chose qui est facile à obtenir.
871 Ce n'est pas peu de sçauoir vaincre
   vn ignorant grand babillard.
872 Ie n'ay point veu de grand cauallier, qui ne soit bien courtois & honneste.
873 Ie ne sçay lequel est plus coulpable, celui qui n'instruit les autres, ou celui qui ne veut rien apprendre.
874 Il ne reüssira pas à celui qui entreprend quelque chose, s'il demeure confus en l'execution.
875 Ie n'ay point veu de lettres sans pratique, qui vaille tant que l'experience.
876 L'eloquence ne sera pas mauuaise, si elle est agreable à l'ennemy.
877 La memoire qui sera exercee, se rendra meilleure en quelque chose.
878 Il n'y a empeschement, qui n'empire

CPSIA information can be obtained
at www.ICGtesting.com
Printed in the USA
BVHW04*1059170918
527708BV00014B/1439/P

9 780484 407496